寒がりやの竜馬

幕末「国際関係」ミステリー

鷲田小彌太
washida koyata

言視舎

目次

目次

3　竜馬、三つの「開国」　132

4　竜馬血族の北海道「開拓」　159

0　寒がりやの竜馬

坂本竜馬の「蝦夷開拓」計画を検証する、が本書のテーマのひとつです。
書題の「寒がりやの竜馬」とはいかにも奇妙に響くのではないでしょうか。もちろん奇を衒《てら》ってのことではありません。相応の、わたしにとっては相当の理由があってのことです。

まず「寒がりや」あたりから話をはじめてみましょう。
『さむがりやのサンタ』（福音館　一九七四）という本があることを知っていますか。子どもの絵本に分類されていますが、大人が、もっというと高齢者が読んでこそその面白みが伝わってくると思える、すてきな絵と台詞《せりふ》が入った漫画です。

原作者は、両親がロンドン下層民暮らしだった、レイモンド・ブリックス（一九三四〜）で、原題は「サンタクロース」を意味する〈FATHER CHRISTMAS〉です。だが邦訳題こそがどんぴしゃりの内容なのです。サンタクロース（生まれも育ちも「極北」のはず？〔伝説では小アジアのサン〔聖〕ニコラウス〕）のサンタクロースが、無類の寒がりやだという設定です。

わたしは札幌に近接する僻村で生まれました。一八歳から京都・大阪・三重で二三年間過ごしましたが、いちばん堪えたのは、夏の暑さではなく、冬の寒さでした。暖房設備が十分でなかったからです。

南国土佐に生まれた坂本竜馬はひといちばいの寒がりでした。極月の京都です。寒がりのうえ風邪をこじらし、火鉢にかじりついているところを踏み込まれ、凶刃に倒れます。寒さで心身ともにかじかみ、反応が鈍ってのことにちがいない、と寒がりのわたしはつい想像してしまいました。

本書の主題は、竜馬の「蝦夷地開拓計画」の存否（存在するかどうか）と認定（いかなるものなのか）を検証することです。「寒がり」いかんを探ることではありません。でも「寒がり」いかんは、存否と認定いかんを決める手懸かりを与えると思われます。そのために、まず二人の証人に登場してもらいましょう。

0・1　寒がりやのハーン

「怪談」等で知られる作家ラフカディオ・ハーン（小泉八雲　一八五〇～一九〇四）は、母の故郷、「神々」の住むギリシア・アドリア海の陽光きらめくレフカダ島に生まれます。ラフカディオは島名レフカダからとられます。

二歳のとき軍医の父が、家郷のダブリンにもどり、そこで成長しますが、アイルランドは「精霊」の住む国として知られていますね。

そうそう、シャーロック・ホームズの生みの親であるコナン・ドイル（一八五九～一九三〇）のルーツもダブリンでした。ドイルが後半生に「心霊主義」に傾倒したのは、アイルランドに生息する「妖精」信仰と関係ある、といわれています。

このハーンが一八九〇年四〇歳のときに探訪記者として来日します。ところが来日直後、契約トラブルで契約仕事（収入）を失いますが、ニューオーリンズで知り合った日本の高級官僚の推薦でたまたま「外人教師」の職にありつくことができて、出雲の松江に赴任します。当時、政府おかかえの「外人教師」は異例の高給で、ハーンは彼にとっては破格の月一〇〇円をえます。

ハーンは赴任した松江ですぐ伴侶をえて、終生そこを「神々の国の首都」として敬愛、尊崇し、出雲を舞台・題材に数多くの作品を残すことになります。ハーンあるいは小泉八雲というと、出雲松江がすぐに連想されるでしょう。

ところがハーンはわずか一年あまりで松江を捨てたのです。翌年には妻を伴って熊本五高へ去りました。旧制熊本高等中学校は、国立のナンバー・スクールで、月二〇〇円という俸給も魅力だったに違いありませんが、第一の理由は、松江の冬の寒さにがまんできなかったからなのです。えっ、そんな、と思うでしょう。でも、そうなのです。

一八五四年、暗く寒いダブリンを母は去り、陽光きらめくアドリア海に帰ります。ダブリンの寒さと陰鬱さにも我慢できなかったのです。ハーンは、父の再婚で富豪の祖母に育てられますが、その父が死に、祖母も破産したため、単身ロンドンに出ます。でも貧しさにはいかんとも抗しがたく、一八六九年、イギリスのリバプール港から逃げるようにして移民船で出国し、アメリカのニューヨークにたどり着きます。まだ一〇代のときです。

アメリカでのハーンは無謀にも「ペン」一本で立とうとします。若いうえ、多少とも文筆に自信がありました。でも立志の人です。彼の記者・作家生活は、なんども袋小路に迷い込みながら、シンシナティ七年、ニューオーリンズ一〇年、カリブ海に浮かぶマルティニーク島（フランス領）二年というように、どんどん「南」へ「南」へと流れていきます。

マルティニークやタヒチに逃れたゴーギャンと同じように、物質文明に対する抗議も含まれていましたが、「南」＝「暖」に対する抑えがたい渇望があったからです。

そんなハーンが、ニューヨークへ戻ってフリーター同然でしのいでいるとき、日本探訪記の仕事をえたのです。カナダの大陸横断鉄道を経て、太平洋を渡り、来日し、東京や横浜にではなく、たまたま神々と精霊が住む松江に赴き、憑かれたように出雲のひいては日本の神霊・自然・伝統に惹かれるようになったのは、いわば偶然が生みだした「必然」であった、といっていいのではないでしょうか。神々のギリシア、精霊のアイルランド、そして出雲へです。

古き精霊が残る出雲の自然・歴史・人々に心酔したハーンではありましたが、山陰の冬の寒さだけには耐えることができなかったのです。自ら望んで熊本五高へ転じざるをえません。「神々の国の首都」である出雲の松江は、ハーンの「心」と「作品」のなかだけに留まり続けることができたというわけです。それから、神戸で新聞記者に戻り、東京へとたどり着き、東京大学で講師（英文学）の職をえて、暖房の効く部屋を確保することができました。ちなみにいえば、夏目漱石は熊本五高、そして東京大学講師で英文学のポストをえますが、ハーンの後を追う形になります。

ハーンと同じように、南国土佐生まれの竜馬もとびっきりの「寒がりや」である、というのがわたしの見立てです。生まれつき「北」志向ではないといいたいわけです。

０・２　蝦夷地を臨む吉田松陰

吉田松陰（一八三〇～五九）は、明治維新を切り拓いた長州藩の勤皇倒幕のリーダー木戸孝允（桂小五郎）や高杉晋作、さらには維新を強力に推進した新リーダー伊藤博文（俊輔）や山県有朋（狂介）の学問の師であり、尊皇攘夷運動の精神的支柱でした。

この松陰と五歳年下の竜馬とは、一八五三（嘉永六）年、ペリー（アメリカ東インド艦隊司令長官）が浦賀に来航したとき、黒船襲来に驚愕した、佐久間象山塾の同門生です。長州と土佐の二人がこのとき出会い、同じ風景を見たのは偶然ですが、時代の「必然」でもありました。

当時、竜馬の政治思想は未熟で、松陰と比較すべくもありません。でも松陰が学者《イデアリスト》なのに対し竜馬は夢想家というより実際家《リアリスト》といっていいでしょう。ただし、もし松陰が夭折しなかったなら、竜馬は政治思想、革命構想《イデア》・戦略・戦術ともに、松陰をすぐに追い越したにちがいありません。わたしは先年、この理想的現実主義者《イデアル・リアリスト》竜馬の実像を『坂本竜馬の野望』（ＰＨＰ研究所　二〇〇九）でたどったことがあります。

二人には根っからの「旅好き」という共通項があります。一つところに留まることができず、脱藩の禁をやすやすと破り、脱国を謀ることさえいとわなかった、旅の人です。そして「旅」でこそ人間が成長するのは、昔も今も変わるところはありません。二人も例外ではありません。

「兵学」者松陰は一八五〇年八月末から一二月末まで、長州の萩から平戸をめざす旅をし、佐賀、大村、長崎、島原、熊本、柳川、久留米、等々に足を運んでいます。第一に、学問の旅でした。

「外夷を制御する者は、必ず先ず夷情を洞《うかが》う」(『西遊日記』)がこの旅の見事な結語です。(後年、国禁を犯し、米艦船に乗り込んで、国外脱出をはかったのも、異国の敵情を洞察しようとする学知の旅でもあったのです。)

さらに江戸に遊学した松陰は、一八五一年一二月一四日から翌五二年四月五日までの四ヵ月半あまり、二人の友人と東北遊歴を試みます。この旅は、藩の許可が下りないまま決行されたので、事実上の脱藩行為でした。(結果、士籍を剝奪されたものの、藩主から諸国遊学一〇年を許されます。特別の才を見込まれてのことでした。)

松陰は、水戸、会津若松、新潟、大館、等をへめぐり、津軽半島の突端の小泊で三月五日つぎのように記します(『東北遊日記』)。この旅のクライマックスではなかったでしょうか。

竜飛岬と「松前の白神岬と相距《へだ》たること三里のみ。しかれども夷船憧々として〔たえまなく〕その間を往来す。」これ枕元で他人が熟睡するよりも許しがたいことだ。「いやしくも士気ある者は誰かこれがために切歯せざらんや。」

この遊歴、寒風吹きすさぶなかで、ときに雪を踏み分けての旅でした。若き松陰の意気や高しといえますが、寒がりやの竜馬ならこうはいかず、はなから敬遠したにちがいない類いの旅だったのではないでしょうか。

このとき、蝦夷地を目前にした若き松陰（二三歳）の胸に宿ったのは、幕府が異国船の無断渡航を黙許するなら、長州藩が代わって蝦夷地を開拓＝新領地化し、攘夷を決行しなければならない、という決意ではなかったでしょうか。この若き想いが、後年、松陰の「竹島開拓」問題に繋がってゆくことは、のちのち述べようと思います。

0・3　贔屓の引き倒し

竜馬も、その短い半生の後半を、ほとんど「旅」に費やしたといっていいでしょう。その行動半径も広くて、旅程を神速で駆け巡っています。とくに二八歳で脱藩してから三三歳で暗殺されるまでの六年間は、席の暖まる暇がないというほどに、長崎、下関、京、大坂、江戸を拠点に、各地に足しげく出入りを繰り返しています。

とはいえ竜馬の軌跡は、東限は江戸で、ほとんど西・南日本に偏っています。その一因は、寒さをものともしなかった吉田松陰とは違って、「寒がりや」の竜馬だったというのがわたしの見立てです。

竜馬は、間宮林蔵（一七八〇～一八四四）や松浦武四郎（一八一八～一八八八）はもとより、三たび蝦夷（北海道）に直接かかわった榎本武揚（一八三六～一九〇八）程度にさえ、よほどの必要がない限り、蝦夷や北海道に触れることがなかったといわざるをえません。

ところが竜馬が蝦夷に新天地を求め、開拓計画をなんども練り、さらには蝦夷独立を構想したなどという意見が、まことしやかに語られているのです。この説の根元にあるのは「北方志向」の竜馬像で、その代表格が『龍馬、蝦夷地を開きたく』（合田一道　二〇〇四）、『坂本龍馬　志は北にあり』（好川之範　二〇一〇）、『坂本龍馬と北海道』（原口泉　二〇一〇）で、三冊とも、そのものずばりの書題をかかげています。

坂本竜馬は、司馬遼太郎『竜馬がゆく』以来の国民的アイドル・ナンバー1であるといっていいでしょう。

剣が強い（そうでもない、という異論もあります）のに抜かず、長身痩躯（長身とはいいがたく、小太りであった、という説もあります）、大胆不敵で（小胆慎重の説あり）、情に篤く、金ばなれがよく（借金をいとわず）、女性にもてて（女出入りが激しく）、しかも夭折しているのです。短命でしたが、最後の五年は太く生きました。

さらに身分も家も藩も飛び越え、国をさえ飛び越そうとした自由人で、「未完」の維新＝革命の推進者で、「敵」でもほれぼれするような男であった、と濃淡を込めて描いたのが司馬『竜馬がゆく』でした。

その竜馬が「夢」に描いた旅の最終駅が蝦夷で、通商だけでなく、開拓を、さらには独立をめざしていた。もし竜馬が暗殺されなかったなら、そして開拓に従事していたら、いま現在の北海道はどれほど変わったものになっていただろう。

こう考えるだけで、北海道愛に満ちた道民《どさんこ》のハートはヒート・アップしますね。打ち震えます。

でも残念ながら、竜馬に蝦夷開拓や、北海道共和国の夢を託すなどは、「ないものねだり」（like asking for the moon）であるだけでなく、「贔屓の引き倒し」（to kill Ryouma with kindness）であり、「悪女の深情け」（the tedious〔あきあきする〕affection of an undesirable〔望まない〕woman）なのです。竜馬の実像から大きく外れる所業にちがいありません。（竜馬の蝦夷地開拓を「否認」する、だれでも読めるじつに有用かつ明解な文献を一つだけ紹介します。ブログタイトル「竜馬は、なぜ蝦夷地をめざしたのか？」http://nazeezochi.

blog.fc2.com/ です。)

たしかに「北方志向」は、竜馬の「身から出た錆」(Ryouma asked for it.)、「火のないところに煙は立たない」(Where there's smoke, there's fire.) という側面があるのも事実です。でも、もし竜馬が生きながらえていたとしたなら、「北海道開拓」など「ありがた迷惑」(an unwelcome favour)だと感じたにちがいありません。「北海道開拓は、黒田清隆の専権事項だ」くらいのことはいったかも知れません。

0・4 「北方」志向の竜馬像

竜馬が、蝦夷通商・開拓・独立国をめざしたという「説」には、「身から出た錆」という側面がある、とのべました。まずはこの点を確認しておきましょう。「蝦夷地」にかかわる、竜馬の二通の手紙があります。

1　河田左久馬宛（一八六七・二・一四）

「北門の方へ手初」を思い出した。このたびは「北行の船」も借り受けた。期間は三月中旬から四月一日までには出帆する心つもりなので、三月初旬には関〔下関〕まででかけてきてほしい。

＊ここで「北行の船」とは大洲藩船「いろは丸」のことです。これが動かしえないキイ・ポイントです。

2　印藤聿《のぶる》（肇）宛（一八六七・三・六）

この手紙は長文（全一〇段）で、最も重要かつ具体的な「開拓」計画の披瀝です。

(1)「小弟ハヱゾ〔蝦夷〕に渡らんとせし頃より、新国を開き候ハ積年の思ひ一世の思ひ出ニ候間、何卒一人でなりともやり付申べくと存居申候」。（第四段）

(2)ただし全一〇段からなるこの手紙は、「竹島」開拓が主題で、エゾ開拓は「積年の思い」「一生の思い出」なのです。

しかもこの「竹島」渡航は調査のためであり、手紙の主眼目は資金「不足」の訴えであり、借金（四〇〇両）依頼にあります。

(3)だから(1)の「新国を開く」とは、積年の思いである「エゾ」開拓をも含むとはいえ、ここでは1の河田宛と同じように、直接には、目前に迫った「竹島」開拓をさすといわなければなりません。

3　その他に、勝海舟日記（一八六四・六・一七）や暗殺直前（一八六七・一一・一一）の林謙三宛手紙や安保清康（林謙三）自叙伝等々が竜馬の北方志向の傍証とされています。

4　しかしなによりも「竜馬の夢は北海道開拓にある」説にインパクトを与えているのは、竜馬の血族が「大挙」して箱館（蝦夷ではありません）や北海道に渡り、各地で開拓やキリスト教布教活動等に奔命し、現在にいたるまで坂本家の血脈が数代にわたって活躍しているという、動かしがたい歴史事実の存在でしょう。

主な人たちだけでも、澤辺琢磨（山本数馬）、坂本直（高松太郎、小野淳輔）、坂本忠寛（高松習吉、坂本南海男）、坂本彌太郎（浜武彌太郎）、坂本直道、坂本直行の名をただちにあげることができます。男たちの名ばかりですが、もちろん女たちも多数北海道に渡り、産をなしてきました。その力は男に劣るわけではなりません。なによりも特記すべきは、坂本本家、坂本竜馬家の人たちが北海道で骨を埋め、墓も札幌にあるという事実です。

では、なぜ、これらの「証言」や「事実」が、竜馬の「身から出た錆」といわなければならないのでしょう。この理由をこれからじっくり検証して行こうと思います。

まず第一にいいたいのは、竜馬の「夢」（「野望《アンビション》」＝「立志」）を「北海道開拓」などに矮小化できないし、してはならないからです。

もちろん北海道開拓の夢が、小さいことだなどといいたいのではありません。北海道の開拓に入ったわたしたちの祖先は、付け足せば、竜馬の血脈もわたしの曾祖父から父までも、竜馬の「夢」とは無縁なところで悪戦苦闘してきました。その結果が、現在の北海道の現実です。この冷徹な歴史事実が、むしろ竜馬の「本来の夢」と繋がりうる基礎となるのだ、といいたいわけです。この意味も多少なりと語ることができればいいな、と思います。

1　蝦夷「開発」の始動

1・1　田沼意次と松平定信――蝦夷地開拓はいかにはじまり、なぜ挫折したか

1・1・1　「北を開く」1

1　竜馬の証言

竜馬は「北を開く」といいました。「北」とは「蝦夷」だけを意味したわけではありません。

まずこのことを検証しましょう。

1　河田左久馬宛（一八六七・二・一四）の手紙に、「北門の方へ手初」と「北行の船」とあります。

「北」は北でも、「北門」と「北行」はまったく違います。

竜馬研究の道を開いた平尾道雄（『龍馬のすべて』）も、現在（残念ながら故人になりましたが）竜馬研究の第一人者と目される宮地佐一郎（『龍馬の手紙』）も、この「北」を同一視し、竜馬はこの手紙で念願の蝦夷開拓「計画」をはかった、と記しています。あってはならない種類の単純な錯誤です。のちのち、両氏の誤読が羽根をえて、どんどん大きくなって行きました。いまなお、止まっていません。

2　印藤聿《のぶる》宛（一八六七・三・六）の手紙で、「北行の船」は大洲藩船「いろは丸」とはっきり記されています。「北行」は、1の河田への手紙の「北行」と同じ時期のもので、「竹島」行きと記されています。

一八六七年の「北行」は「竹島」行き以外にありません。「北」だから「蝦夷」だというのは、早とちり以外のなにものでもありません。

3　姉の乙女宛（一八六三・六・二九）の有名な「日本を今一度せんたくいたし」の手紙に、「諸国あんぎゃにでかけ候得バ、西ハながさきより東ハまつまえよりエゾまでもなんでもなく」とあります。

(1)もちろん竜馬が松前や蝦夷まで行脚したわけではありません。

(2)それに、松前や蝦夷が「東」だなんて、竜馬の方向音痴もはなはだしい、といいたいのでもありません。

むしろ「東は蝦夷」が当時にあっては正常な方向感覚だといっていいのです。

京（都）を中心に、日本を東西に分けるのがつい最近までの共通の地理観だったのです。「東男と京女」とあるように、京より東は全部が「東国《あずまのくに》」で、そこには江戸も仙台も、そして蝦夷もはいっています。

(3)さらに「松前より蝦夷まで」なんて、松前も「蝦夷」のうちじゃないの、竜馬の地理知識はおかしい、なんて指摘したいわけでもありません。「松前」藩と「蝦夷地」とは違います。当時は異領域なのです。竜馬はこの違いをわきまえていたことになります。

正確にいえば、松前藩や箱館、江差を含む渡島半島南部の「和人地」と「蝦夷地」とは異なります。境界線は時期によって移動しましたが、蝦夷地で和人の永住は厳禁でした。この境界線は幕末まで存在します。したがって「蝦夷地開拓」などは国禁を犯すことだったのです。

2 「蝦夷」は日本じゃなかった

蝦夷《えぞ》ガ島は、日本の「建国」（六六八年）以来から知られていたものの、日本＝「大八洲《おおやしま》」に含まれて居らず、律令体制下の「土佐」とか「武蔵」のように全国六〇余州（国states）には入っていません。この国（州）は、四国を讃岐・伊予・土佐・阿波とよぶように、今日でも生きています。

江戸期の幕藩体制下（全国二五六藩states）に松前藩は入っていましたが、「蝦夷」は「異域」で、松前藩「支配」あるいは幕府「直轄」とはいえ、琉球と同じように、日露和親条約（一八五四年）までは、近代国家（nation state）の概念でいえば、「実効支配」していたにすぎないといっていいのです。（もちろんこの「実効支配」が領土・領有権問題では決定的に重要なのですが。）

ただし、明治維新以降に府県制になり、蝦夷から北海道に変わっても、つい最近まで、ときに二一世紀のいまでも、道民は「本州」のことを「内地」といってきました。北海道を「外地」というわけではありませんが、無意識に日本の「異域」＝「域外地」である、と考えてきたというべきでしょう。大正生まれのわたしの父は、津軽海峡のことを「塩っぱい川」といい、「内地」と外地を分かつ、泳いでは渡ることのできない境界線とみなしていました。

ちなみに水上勉のミステリに『飢餓海峡』（一九六三）があります。犯人（主人公）は、強盗殺人を犯し、大火のなか、暴風雨の津軽海峡を小舟で渡って、逃亡をはたしますが、乗ってきた舟を焼却することに固執しています。理由があります。津軽海峡を人間が泳いではムリ。ましてや暴風雨の中だ。津軽「海峡」を越えた（本州側の）人間にはアリバイ（不在証明）がある、ということでしょう。

明治期に入っても、北海道は外・日本、税金は払わなくていい、兵役の義務もない、それに旧制高校もない、ないないづくしの特別区でした。一九六〇年、わたしが大阪に「留学」しようとしたとき、大阪は今のニューヨークより遙かに遠かったのです。「異地」にきたという感は否めず、五年くらいなれないままで過ごすことになります。

3　蝦夷「開拓」は田沼時代から

松前（藩）と蝦夷とは、幕藩体制のもとで、すでに違う領域だということがおわかりでしょう。

ただし蝦夷地はけっして「未知」「未開」の地だったのではありません。「蝦夷《えみし》」は古く『日本書紀』の中にも登場します。ただし「蝦夷」の住む地域は現在の北海道に特定されていたわけではありません。それに江戸期、蝦夷島の南端に松前藩（state）

が生まれます。そこが幕藩体制下に組み込まれた自治国（state）になります。

でも「蝦夷開拓」という言葉がよく使われますが、言葉の本当の意味で「蝦夷地開発」プラン実施が決定（一七八六年）されたのは、田沼政権下においてなのです。松前藩は終始「蝦夷開拓」に反対かつ消極的でした。

そして本格的な北海道開拓が始まったのは、明治新政府（太政官府）に「開拓使」が設けられ（一八六九年）、北海道開発が「国策」の重要な柱とされ、実行に移されたときです。歴史の流れからいうと、北海道開拓は田沼政権の施策《プラン》を受け継いだといっていいのです。

田沼政権下で蝦夷地開発調査とプラン策定で重要な役割を果たしたのが、勘定奉行の松本秀持と勘定組頭の土山宗次郎のコンビです。

土山の調査報告（一七八四年）に、松前城下の和人が約一万人、城下外の村に約二万二千人とあります。これに蝦夷全域にアイヌ約二万人、和人約一万人（幕府巡察使への報告）を加えると、蝦夷島の人口は計六万人余になります。この人口数はけっして少なくありません。

しかし「蝦夷開発」計画は田沼政権以前には存在しません。なぜでしょう。まずこのわけを述べてみましょう。

4　松前藩と蝦夷「開拓」反対派

「ひらく」は、「開」（open）であり、「拓」（develop）で、「開発」です。松前藩は、蝦夷の「開き口」にはなりましたが、「開拓」を押しとどめた張本人だったのです。理由は歴然としています。

松前藩は、一六〇四年、家康（将軍）から次のような内容の黒印状（黒印が押された認可状）をえました。

1　松前氏に許可なくアイヌ（夷仁）との商売を禁じる。

2　松前氏に無断で渡海しアイヌと商売するものがあれば、松前氏は必ず幕府に言上しなければならない。

付　アイヌは何処へ行こうと勝手次第だ。〔幕府や松前氏の制約を受けない。〕

3　アイヌに対して「非分」の言いがかり（「申懸」）をしてはならぬ。

幕府は松前藩に、蝦夷地の産物（鮭鯨等の海産、金銀等の鉱産、檜・唐松等の林産、熊ラッコ鷲等の皮革・羽根等の鳥獣産）の交易独占権をあたえます。同時に、アイヌの不当な支配を禁じたのです。

松前藩は、蝦夷地の産物の生産を担うアイヌとの交易を、商人（場所請人）に任せ、膨大な運上金をえます。結果、アイヌに請負場所以外で自由に「交易」することを禁じ、農耕や和人との自由な「交流」「接触」を禁じます。

表向きは、寒冷の蝦夷地は農耕とりわけ稲作に適さない、アイヌは農耕を好まない、という理由からでした。だがこんな報告があります。

「蝦夷地は広大なうえ地味がよく農耕にも適しているが、松前藩は蝦夷人（アイヌ人）を農耕民化させないため、彼らが穀類を作ることを禁止している」（幕府蝦夷地調査隊員佐藤玄六郎　一七八六年）はたんなる推測の類いではありません。石狩川の流域で稲作を試みた事例を踏まえたものです。

渡島はいうにおよばず石狩川水系地は、奥州北部よりはるかに土地が豊かで、農水確保も可能、農耕はもとより稲作も十分に可能な土地である。広大な耕地の開墾が実現すると五〇〇万石余が見込める。こうも調査報告にあります。

だが松前藩は、アイヌが開墾や農作に従事すると漁猟労働力の不足を招く、和人と交流し読み書き計算を憶えると「不当（非分）」な交易が困難になることを怖れたのです。結果、アイヌに対する不当かつ冷酷な支配をつづけました。結果、松前藩から許認可をえた商人の不当過酷な待遇と、それを黙認ないしは当然視する松前藩の冷酷な施策に対し、温順といわれたアイヌによる最初で最大級の「シャクシャインの乱」（一六六九年）があり、最後の叛乱といわれる「クナシリ・メナシ騒動」（一七八九年）が起こります。

ところが田沼政権の蝦夷開墾計画は緒についたばかりで途絶します。田沼の後ろ盾であった将軍家治の病弱・病没がありました。松平定信を中心とする旧守派の手段を選ばない猛攻によって、老中田沼意次が失脚し、定信が老中首座についたからです。田沼の施策は蝦夷地開拓計画をはじめことごとく退けられ、この蝦夷開発計画に奔命した勘定奉行松本をはじめ、調査隊の小物（最上徳内もその一人）にいたるまで、罷免あるいは処断されたのでした。

1・1・2　「北を開く」2――ロシアがやってきた

「蝦夷地開発」はたんなる「開発」を意味しません。「開墾」や「開発」以上の意味をもっていたからです。「海防」で、他でもない「隣国」ロシアが日本（幕府）に「通商」を求めてきたときにはじまります。

1　東に侵出してきたロシアが直接かつ正式に日本（国）に接触したのは、一七七八年が最初です。アンチーピンがロシア皇帝の勅書を携え厚岸を訪れ、通商を求めます。松前藩は拒否しますが、一八五三年にアメリカのペリーが浦賀にやってくる七五年も前のことです。

2　このあともロシアは、一七九二年にロシア使節ラクスマンが根室に、一八〇四年にレザノフが長崎（天領）に来航し、通商を求めます。松前藩は幕府の命にしたがって拒否しますが、ことがらは複雑で、日本側は微妙な対応をしいられたようです。

その一端は、田沼時代の蝦夷地調査報告書（一七八四年）にも現れています。大石慎三郎『田沼意次の時代』の要約をさらに要約しましょう。

(1)蝦夷の奥に赤蝦夷〔ロシア〕という国がある。昔から千島の島づたいに乾鮭・鯨油等とわが国の塩・米・反物などを交易している。
(2)近年赤蝦夷は日本の漂流民を通詞に仕立て、薬種等の特産物をもってきて、わが国と正式に交易を求めてきている。
(3)（松前藩御用商人）飛騨屋久兵衛などは、禁制品を密かに南部領に陸あげし、差し支えないものだけを松前にまわすなど、手の込んだ商いをしている。
(4)松前筋の抜け荷扱いはますます巧妙さをくわえているので「表だての交易」を認めるほ

かに方法がないところに近づいている。⑸この点を幕府が正式に査察することになれば、松前氏の名誉に差し支えがでるので、松前氏より申し出た形にし、調査の名目を変え、軽い役職のものを派遣するのがよろしいでしょう。⑹もしこれが認められれば、工藤平助（『赤蝦夷風説考』）を呼んでなお聞きただすとともに、松前藩に伝えて蝦夷地調査の下工作をしましょう。

これがすぐに承認され、調査準備がはじまります。つまり田沼政権には、蝦夷地開発をロシアとの「正式」交易につなげようという意向があったのです。

しかし、田沼に代わった松平定信の政権は、ロシア「交易」などとんでもない、ロシア「侵入」にこそ備えるべしとして、北方防備の強化策を本格的にとりはじめます。ラクスマンに続いてレザノフの通商要求を峻拒した理由です。

結果、松前藩の北方防御の無能・不備、アイヌ支配の無体などを理由に、一七九九年に東蝦夷地を幕府直轄、一八〇七年には蝦夷全地を直轄とし、奥羽諸藩に防備を委ねます。しかし結局、この北方防備（委託）策もアイヌ支配（直轄）も幕府の手に余ることになります。

それで一八二一年、松前藩を蝦夷に戻すことになりました。松前藩と幕府による「力の外交」では、「交易」を押しとどめることも、北方防備もうまくゆかず、一八二五年発した外国船打払令（消極的強攻策）を、四二年には撤回せざるをえなくなります。ロシア艦隊等の攻撃（力による外交）やロシア以外にも来航する船舶・艦船との交戦に耐えることができなくなったからです。

1・2　高田屋嘉兵衛――「鎖国」は儲かる!?

1・2・1　有金　三千三三万両余

江戸時代、中央政府である「公儀」＝徳川幕府と、二六〇諸侯の「藩」＝地方政府（一〇〇％自治）が併存していました。産業資本主義は未成熟でしたが、商業資本の展開は日本の「末端」まで浸透していたのです。その浸透を支えたのが、貨幣（正貨、為替、藩札等）の流通であり、陸上交通、河川と海上輸送の発達です。とくにめざましかったのは海運業です。

まず次の数字に注目してください。

一八三三年、海運業の高田屋が「密貿易」の嫌疑で闕所になったときの没収「資産」（二代目金兵衛が預かりとなった阿波徳島藩の記録）の目録です。

唐船積出米高　一九万八千石
有米高　三九六万石
＊一両で八升（一石は一〇升）米相場に換算すると三一六万両余
有金高　三千一二一万八千両
船数　五〇〇石以上四五〇艘
召使人　船手他九八二人
居宅　表口四五〇間、裏行三九〇間（一七万五千五〇〇坪）
店数　三箇所　江戸、大坂、蝦夷
＊高田嘉七「高田屋嘉兵衛と近代経営」（函館学講義資料　二〇〇九）http://www.cc-hakodate.jp/dl/hakodategaku20090620.pdf

1・2・2　資産形成の要点——蝦夷経営

想像を絶する資産形成です。しかも高田屋の財は嘉兵衛（初代）が一代で築いたものです。いくつか要点を拾ってみましょう。

⑴高田屋の成功の端緒は、一七九八年箱館に支店を置き、一七九九年に幕府「蝦夷地御用御雇」になり、一八〇〇年官船建造を請け負ったことにあるといっていいでしょう。ともに一七九九年、幕府が東蝦夷を直轄し、蝦夷経営と北方防備に取り組みはじめたときのことです。

⑵一八〇六年、高田屋は蝦夷地物産の兵庫直売を幕府から請け負いますが、幕府は一八〇七年西蝦夷をも松前藩からとりあげて直轄としたことで、高田屋の政商としての地位はいっそう強化されます。

⑶幕府は、松前藩が行なってきた「場所請」（商人に蝦夷交易場の経営を委託）を、「復活」させようとして、一八一〇年にはじめて高田屋をエトロフ場所請に、一四年根室場所請に指定します。高田屋は運送業だけでなく、交易独占権、さらには蝦夷経営権をもつ巨大御用海商になったのです。

ただし高田屋の資産形成は、一七九〇年二二歳で、嘉兵衛が淡路から兵庫に出て、徒手空拳、水主（雇い水夫）からはじまったものでした。ビジネスチャンスをつかみ、商敵との競争に打ち勝ち、海運、交易、蝦夷地経営で特段の利をあげ、幕府に莫大な運上（税）と幕閣等に賄《まいない》をもたらすことができた、商の才と運があったからこそ、高田屋嘉兵衛の「成功」があったといっていいでしょう。

海運業といっても、荷を運ぶだけではありません。松前と日本海沿岸をいき交う北前船は、各中継地で荷を売り、新たな荷を積み込んで、「利」をあげていく卸問屋業、海の総合商社でもあったのです。

1・2・3　闕所理由——「密」貿易

それに高田屋に特段の利をもたらした（と思える）ものに、ロシア、チャイナ、日本海西沿岸との交易（密貿易）がありました。それもこれも、幕府の強力な後盾が、蝦夷地経営と国防政策があったればこそでした。高田屋はこの後楯の先兵《バンガード》の役割を果たしたといっていいと思います。

それに高田屋が闕所の理由となったロシアとの密貿易です。これは交易相手との密約という「相互理解」抜きにはありえません。高田屋嘉兵衛が一八一二年にロシア艦船に拿捕されながら、ロシア将官と自分たち捕虜との交換交渉に奔命できたのは、私利を犠牲にして日露両国の友好を謀り、自国（幕府）の国益に寄与するという信念を貫くことにあっただけではありません。当然、この奔命は、幕府が貿易独占をはかる幕藩体制下で、御用商人として利をはかる高田屋のビジネスライクの行動の現れでもあったわけです。愛国精神(patriotism)と実利精神(utilitarianism)が結びあった結果です。

でも幕府蝦夷直轄がやみ、松前藩御用商人に転じた高田屋をよしとしない勢力が、幕府や松前藩の政権の中枢に座ります。政商高田屋が、政商であるがゆえに滑り落ちざるをえなかった理由です。

＊なお高田屋「密貿易」嫌疑の中身は「旗(旗あわせ)」貿易でした。高田屋は冤罪を主張します。

容疑は、傭船(高田屋が借り上げた船)が北洋でロシア船と出会ったとき、山高印の屋号を掲げ、無事通過したことを幕府に報告しなかったからでした。だが取調べの結果、全乗組員中その事実が認められたのは、傭船の船頭ただ一人です。それでも判決は有罪となったのです。

後年(一八六九年)、明治政府はこの高田屋闕所を冤罪と認定し、名誉回復します。(では密貿易はなかったのでしょうか? そうはいえないでしょう。)

1・3　「蝦夷」が日本領土となる

1・3・1　「北方領土」の範囲

幕府（日本政府）は一八五五（安政二）年から、米をはじめ英露仏蘭と和親条約を結び、「正式」に国交を開きます。日本の国際環境が一変するだけでなく、蝦夷の政治経済環境が一変します。蝦夷にかぎっていえば、

(1)最も重要なのは、「蝦夷地」が日本領土として国際認知されたことです。

(2)箱館が開港され、一躍国際都市になります。

同時に箱館が北方防衛の拠点となったことを意味します。箱館は商港でしたが、軍港でもあったのです。

(3)開国と箱館開港に伴い、一八五六年、幕府は蝦夷地の大半を再び直轄とします。

といっても幕府は財政難です。負担軽減のため、仙台、盛岡、弘前、秋田、さらに会津と庄内藩に支配地を分割し、海防（沿岸警備）を命じます。これが諸藩による蝦夷「開拓」の端緒となりました。

⑷日露和親条約は、日露間の国境線を画定し、日本の「北方領土」を確定します。国境線はエトロフ（日本）とウルップ（ロシア）の間に引かれ、カラフト（サガレン〔露〕）は、国境線のない、両国混在地にし、確定は将来課題にするということになります。

これ以降、「蝦夷」は実効支配いかんによって国境が決まるという「地」ではなくなります。

＊なお、一八七五（明治八）年に千島樺太交換条約が締結され、千島全島が日本領になります。さらに一九〇五年ポーツマス条約が南カラフト割譲（北緯五〇度以南）を決めます。そして四五年にロシア（ソビエト）が千島列島とカラフトを占領・実効支配したまま、今日に至っています。日露間の領土問題が解決されず、両国間にいまなお平和（講和）条約が締結されていません。法的には交戦（停戦）状態なのです。

1・3・2 「北方開拓」の立志

ただし砲艦外交の時代です。「蝦夷」の開墾・開発と国土防衛は、一元的にも全面的にも、幕府の手に余りました。おのずと諸藩の力を頼んでのものとなります。北方沿岸防衛のため、奥羽諸藩に負担を強いた理由です。

とはいえ東北諸藩のほうも、北方防衛をたんなる「負担」や「重荷」と受け取っただけではありません。幕府の許可のもとで、「新開地」蝦夷の開発と防衛に参画することで、支配地の「藩領」化に、あるいは「新藩」樹立につながる可能性が生まれたのです。事実上の蝦夷開拓＝「北方開拓」はここからはじまったということができるでしょう。

その他に、「北方開拓」は、北方防備に関心がある水戸藩だけでなく、蝦夷から遠い薩摩や土佐、長州という西国雄藩をさえ動かします。開墾・開発・領地拡大、交易と北方防衛をにらんだ、蝦夷開拓・経営に取り組もうという意図が生まれます。

公（藩）営だけではありません。蝦夷開拓は、無碌のグループや人士を惹きつける、ある種の立志の標的にもなりました。竜馬の友人で、「北方開拓」計画を披瀝し、実際に事前調査のため「北行」した、北添佶磨《きちま》（一八三五〜六四）や安岡直行（一八三九〜六四）などの土佐人もそんなひとりであったというべきでしょう。

なんといっても蝦夷開発は、他国から「神州を護る」、「尊皇攘夷」を生きるという大義名分が立ちます。それにいろんな意味で「新国」（新耕地・新領地・新藩）設立事業でもあります。その事業には、家郷や藩、さらには幕府を越える事業に参画する「大志」が含まれています。「ボーイズ・ビ・アンビシャス」の標的になりました。

1・3・3 「尊皇攘夷」の立志

一八六三年六月六日、同じ土佐出身で竜馬と同じ年の北添佶磨が、箱館から病気の母に宛てた手紙が残っています。

〈蝦夷箱館より一筆申し上げます。……五月二日京都を出て、箱館で箱館奉行小出大和守殿とおあいし、攘夷海防尽力にお礼を申し上げましたが、〔海防は〕ご安心できるような状態ではありませんと申し上げました。十月頃までには朝鮮へ渡海のつもりですが、ひとまずは帰国いたします。……〉

宛先は母親で、「蝦夷海防」や「朝鮮渡海」などというのは半ば志士の大言壮語の類いとみなしていいでしょう。

⑴北添たちの「箱館」行は、「蝦夷地」行ではありません。すでに述べたように、箱館は「和人地」で、蝦夷地ではありません。

⑵北添たちの箱館行は、竜馬の「先遣視察隊と言ってもいい」（好川之範）などといわれますが、「言っていい」わけは断じてありません。「箱館」にかんしては、実行も情報も、北添が「主《マスター》」だったのです。それ以外にありません。

(3)北添や安岡直行等の「北方行」の「立志」は、現実の尊皇攘夷の決起を前にしては「泡」のようだったようで、もろくも途絶します。この点は、竜馬のほうに先見の明があったというべきでしょう。

北添は「池田屋事件」(一八六四年)で、安岡は「天誅組の乱」(一八六四年)に参加し、落命します。

竜馬は血気にはやる尊皇攘夷を旗印にした倒幕決起にはあくまでも反対でした。だが、「北方を開く」よりも、眼前の倒幕を旗印にした尊皇攘夷運動のほうに、彼らの若い血が踊ったということでしょう。竜馬の必死の説得も効果がなかったのです。

この「池田屋事件」によって、竜馬の「第一次蝦夷地開拓計画」は挫折したといわれますが、そもそも竜馬にそんな「計画」は存在していたのでしょうか。こう疑うところからはじめる必要があります。

2　竜馬　慶応三年「北方を開く」の検証

2・1　一八六七年二、三月、二通の手紙

竜馬が「北方を開く」を初発かつ終生の想い（アイディアかつプラン）であるとした「証拠」としてあげられるのが、次の手紙です。重複をいとわず詳しく検証します。

まず原文をあげます。

1　慶応三年二月一四日　河田左久馬宛

《其後ハ御無音申上候。御別後、老兄の事を京の方に申遣し候よふ存候うち、別に愚存も相生じ、先、其まゝニ仕候。何卒、今一度御面会仕候時ハ、よほどおもしろき事、御

耳に入候と相楽ミ申候。其儀ハ彼の先年御同様、北門の方へ手初致し候事お、又、思ひ出たり。

此度ハ既に北行の船も借受申候。其期根［期限］ハ三月中旬より四月朔日にハ多分、出帆仕たしと心積致し申し候。

上許［記］を相初候時ハ、必や老兄が留守でハこまり候事故、私も薩の方へハ申不遣在之候。何卒、其御心積りにて何となく三月初旬までのうちそろ〳〵と、関まで御出かけ被成候ずや。小弟も二月十日ニ長崎より下の関まで帰着仕候事ニ御座候。

何レ拝顔の時、萬々

三［二］月十四日　稽首〳〵

龍馬

河田先生

御案下

追白　もし下の関ニ御出浮被成候得バ、まあ今の内ニハ唯、何の事も他にハ御咄しなく、そろ〳〵と御出かけ可被成奉存候。当時、其御地ニ御留りニて、つがふよろしけれバ別に御出浮被成ずてもよろしく、小弟可後便申上候時を御まち奉願候。

又、近日中御出浮被成候得バ、何か上許［記］のよし御相談申上候。何レ後期ニ。
再拝
河田佐熊先生　龍拝
御直破［披］》

2　慶応三年三月六日　印藤聿《のぶる》宛

《追白、先日より病気ニて引籠居候まゝ書付として呈しぬ。

下の件ハ長の御ものがたり申上候得バ、通常の手紙ニしてハ何分別《わか》りがたく候間、不文ニハ一ツ書の方がよろしかるべしとて申上たれバ、元より不敬の義御見ゆるしたまえ。

第一段
一、先日中三丈夫［大夫］関の方へ御帰りの時分なりと思ふが、内同薩の者より極竊《ひそか》ニ承りたるにハ隊の者大夫の身上を大ニ論じ勢《せい》だしておりたるよし。猶竊ニ其故を聞ニ大夫は尤海軍ニ志を起され陸軍ニ御セ話無之との故のよし。其余の事ハ不分明、小弟思ふニ、三吉大夫が陸軍をおさめたまいし時ハ隊中一同皆報国の赤心を振起し、大夫の賢なるをかんじ居候よし也。
されバ今如此の事を聞くハ、定めて小人共私の頭上に其賢大夫のおらぬをうれたみ、ゆハゆる南面してせいすれバ北方うらむの儀ならんか。

第二段
今日不計も三吉老翁の来杖、幸ニ諸君の無異平安なるを伝聞相賀し申候。三大夫及大兄ニも三四日中ニニハ御出関と承リ御待申候。

第三段
上一段二段の事どもつら〳〵案ずる所、彼竹島行の事ハ兼而《かねて》御聞ニ入置候通り、三大夫ニも御聞ニ入レ申セしニ、随分御同心ニ候て、何レ近日二度ビ関［下関］ニ出候而《て》決定可致との事なりし。其後ハまだニ御めニかゝらず、御返じを相待所ナリ。然ニ当今世上の人情目前の事斗でなければ、相談ハならぬ事故ニ諸人ハ竹島行の事共ハ、皆無用の事として大夫が遠大の策にハ随ふまじくか、然レバ其事ハ行ハれまじく残念の儀に相察し候。

第四段
小弟ハヱゾに渡らんとせし頃より、新国を開き候ハ積年の思ひ一世の思ひ出ニ候間、何卒一人でなりともやり付申べくと存居申候。其中助［伊藤］太夫事、別ニ小弟の志を憐ミ、且積年の思ひも在之、不屈して竊《ひそか》ニ志を振ひ居申候。
然レバ先頃長崎ニて、大洲蒸気船ハ三月十五日より四月朔迄の間ニ借入の定約ハ相定め置たり。故、近日其期限も来るべし。

第五段

先日御耳ニ入レし時内〻仰せられしニ、三慎［三吉慎蔵］ニあらざれバ自ラ出行致したしと、小弟誠ニ幸也。
然るニ上段の時勢なれバ、君等此地を足を抜事ハどふもむつかしかるべし。

第六段

此月の初より長崎ニ出、大洲の船の来るをまち申べしと思ふ内ニ、小弟先日中風けニて床ニおり候ものから、心ニまかせず彼是する内ニ、大洲の船と共に長崎ニ廻るよふニならんかと思ひおり候。

第七段

大洲の船、石炭費用一昼夜ニ一万五千斤　故ニ二万斤の見込ナリ。タネ油一昼夜ニ壱斗、彼竹島ハ地図を以て側算［測算］すレバ、九十里斗《ばかり》なるべし。先頃井上聞太、彼島ニ渡りし者ニ問しニ、百里ナリ、とおふかた同じ事ナリ。其島ニ渡る者の咄しニ楠木ニよく似てありしもの、広くハ新木在之、其外、壱里余より弐里もあらん平地ありしと也。島の流レハ十里斗なりと、小弟曽《かつ》而長崎ニニて聞しニ何とも相似たる咄し也。是本一ツ所より出たる咄しならんかともうたがふ。

　下の関ヨリ行テ下の関ニ帰ル

彼島ニ行て唯かへれバ三日のひまとるべし。但し下の関より。

第八段

元より断然船借入し上ハ、自然其儀ハ可在之候得ども、同心の人をつのるに道あれバ、三大夫及君立［達］の止《ヤメ》ルと不止トを此頃早〻承りたし。其故ハ御止メニなれバ又以前より約定セし兼而《かねて》御聞ニ達セし人をつのらバやと存候。但シ金のつがふ斗ニ付てなり。もし御自身御出ニならずとも御同心の故を以て、其割ニ当ル金御出被遊れバ、小弟も外ニ人おつのるに及バず。

第九段

三大夫も思召立なく君立も御出なく僕身を以て〔他人をつのらず〕、此行を成シとぐるにハ又金が入候べし。今手本ニも少〻ハあれども、相成事なれバ四百金十ヶ月の期限ニて借入たし。御尽力相叶候ハヾ生前の大幸なり、宜願入候。

第十段

御頼申上度事ハ三大夫及君御召立がと〻なハずとも、山に登りてハ材木を見、木の名を正し、土地を見てハ稲及むぎ、山にてハくわの木はぜの木、其地ニ応じ候や否を見る者、一人海ニ入り貝類、魚類、海草などを見るもの。

（▲御セ話可被遣候やと頼申上度事ハ、此儀にて御座候。）

上件小身ニ一生の思ひ出とし、良林及海中の品類よきものを得バ、人をうつし万物の時を得るをよろこび、諸国浪生らを命じて是が地を開かすべしと、其余思千万ナリ。

以上稽首百拝ス。　龍

三月六日、ねられぬま〻筆をとりはべりぬ。

印先生

左右

猶先日中ハ人丸赤人など時〻相集り哥［歌］よみついに一巻とハなして、ある翁をたのみ其一二をつけしに飯立市となりたり。幸ニやつがれがうたハ第二とハなりぬ。其哥ハ、
心からのどけくもあるか野べハなを雪げながらの春風ぞふく
その頃より引つゞき家主などしきりに哥よみ、ある人ハ書林にはしりなどしかぐ〳〵ニ候。御ひまあれバ御出かけ、おもしろき御事に候。其諸君の哥袋のちりなごりともなりしことと見へ、やつがれも時〻三十一字を笑出し、ともニ楽ミ申候、今夜もふでをさしおかんとしけるニ哥の意、何共別りかねしが春夜の心ニて、
世と共にうつれバ曇る春の夜を朧月とも人ハ言なれ
先生にも近時の御作何卒御こし可被成や。先日の御作ハ家の主が、彼一巻の内ニハいたし候と相見へ申候。かしこ。》（以上「青空文庫」から引用）

読みにくいでしょう。が、竜馬のいわんとするところは、次節の訳文を見るまでもなく、単純明快です。

3　慶応三年、二通の手紙のテーマ

(1)この二通の手紙の主旨は、断じて「蝦夷」開拓プランの実行計画ではありません。したがって「第三次蝦夷開拓計画」等というものも存在しません。

この手紙にあるのは「竹島」調査計画です。しかも2の印藤宛手紙の本旨は、「借金」の「依頼」ないしは「催促」です。

1　大洲藩の船を借りることができた（できそうだ）。いよいよ「竹島」行を決行する。時期も迫っている。三月初めにお会いし、相談に乗ってほしい。

2　竹島調査隊は下関から発つ。できれば「同行」願いたい。同行できない場合も、資金拠出をお願いしたい。竹島渡航には諸費用がかかる。

竜馬一人でも計画を実行する。だが資金不足である。四〇〇両ほどを借りたい。中心はこの二点です。あとは付け足しといったらいいすぎでしょうが、いわゆる「飾り」です。

3　ところが不思議なことに、下関にいる竜馬はこの竹島渡航計画を、長崎や大坂にいる竜馬グループ、いわゆる「亀山社中」には語っていない（ように思える）のです。大洲船を借りて行なう予定の長崎－大坂間の往復はまぎれもなくビジネスで、竹島渡航計画が折り込まれていないということです。（もちろん、時間的余裕が生まれれば、竜馬は、竹島渡航を決行すると腹づもりだった、ということはできます。)
　1の河田宛手紙も、主旨である出資金（借金）依頼を潜ませています。
(2)竜馬を「蝦夷開拓」論者に仕立てたい人たちは、その「飾り」の部分を取り上げて、「主旨」のところは省略するのです。しかもこれが竜馬論を書く人たちの多数派なのですから、唖然とします。
　その代表者の一部を上げましょう。平尾道雄は竜馬研究の道を開いた人です。その他の著作も、基本的には竜馬研究の基本文献といえる立派な仕事です。だからこそ、「蝦夷開拓」に関する間違いが悪影響大になるといえるのです。

1　平尾道雄『坂本龍馬 海援隊始末記』　＊海援隊の蝦夷地開拓計画
2　宮地佐一郎『龍馬の手紙』　＊同上
3　宮川禎一・全書簡現代語訳『坂本龍馬からの手紙』　＊蝦夷行き（河田宛）、竹島行き（印藤宛）
4　松浦玲『坂本龍馬』　＊蝦夷行（河田宛）が、竹島行（印藤宛）に変わった
5　松岡司『定本坂本龍馬伝』　＊竹島行は「蝦夷開拓のミニ版」（五三八頁）
6　菊地明・山村竜也編『完本 坂本龍馬日記』　＊「龍馬、蝦夷地開拓のため河田佐久馬の下

関来訪を願う。」（二九〇頁）

どれもまともな「手紙」の読み方とは思われません。

2・2　竜馬の「竹島」調査計画

ところが竜馬の「竹島」調査計画は「頓挫」します。渡航予定船「いろは丸」が遭難・沈没したからだ、といわれます。はたしてそう断言できるでしょうか。これも検証対象になってしかるべきです。

だがそのまえに、唖然とするような「誤読」を生むモトとなった二通の手紙の検証をしておきましょう。なお、以下で現代文を掲げますが、ぜひ「原文」と比較して下さい。

2・2・1　手紙の解説と検証

1　「北行」計画　一八六七・二・一四　河田佐久馬宛

〈その後はご無沙汰いたしておりました。お別れの後、老兄のことを京都の方へ申し遣わしたいと考えているうちに、また別の考えも浮かんできましたので、まずそのままにしておりました。なにとぞ今一度、ご面会する時にはよほど面白いことをお耳に入れようと楽しみにしております。

その儀とは例の、先年からと同様に、北門の方に手初めすることをまたまた考えております。今回はすでに北行の船も借り受けております。その期限は三月中旬から四月一日までには多分、出航しようと心積もりいたしております。

この計画をはじめる時には、必ずや老兄が留守では困ることですので、私も薩摩藩の方へはこの件連絡しません。どうぞそのお心積もりで準備いただき、何となく三月初旬までのうちに、そろそろと下関までお出ましいただけますでしょうか。詳しくはお目にかかった上でお話しいたします。　　萬々

……

追白　もしも下関においで下されましたならば、まあいまの所はただ何のことも他には話がございません。そのため、ゆっくりとおいで下さるようにお願いします。今はその地にてお留まりいただいて、そちらで用事があれば別に下関までお出でいただかなくても宜しいです。私からまた後日、連絡の手紙が届くまでその地にてお待ち下さい。

また近日中においで下さいますならば何か上記の件についてご相談申し上げます。い

ずれまたの機会に。〉（宮川禎一訳『坂本龍馬からの手紙』、以下同じ）

⑴河田佐久馬（一八二八～九七）　鳥取藩士で伏見留守居役、同藩の尊皇攘夷過激派の中心人物。禁門の変（一八六四）で尊攘派が敗れ、帰国を命じられ、幽閉されますが、第二次幕長戦（一八六六）のとき脱藩し、一時、長州藩に属します。竜馬の手紙はこの時代のものです。維新後は顕官を歴任しました。

なお河田は、「池田屋騒動」の生き残りで、竜馬のいわゆる「第二次蝦夷開拓計画」に同調した一人だといわれています。最初に、間違いだ、と断定します。

⑵「北門の方へ手初」は、『手紙』で宮地、宮川が注記するように、「蝦夷開拓」、いわゆる「第一次蝦夷開拓計画」といってもいいでしょう。ただしわたしは、のちに詳しく述べるように、「第一次蝦夷開拓計画」なるものが実在したなどとは考えていません。

だが「今回」の「北行」・「出航」は、断じて「蝦夷開拓」計画でも、その実行でもありません。（訳者の宮川は、蝦夷開拓計画実行では、期日がまぢかすぎてあわず、「三月は誤記でしょう」と記します。でも、もともと「北行」は「蝦夷行」ではないのです。）

⑶この手紙で竜馬は、河田を「北行」に強く誘っているようです。でも、重心は「下関」にやってきて「話」を聞いてほしい、にあります。しかもその「話」の内容は書かず、追

仲で重ねて、お会いしてから「相談」したいと書いていますね。(いわずもがなの相談とは、お金の話でしょう。)

(4)「北行の船」とは大洲藩船「いろは丸」です。これを土佐藩が借り受け、土佐海援隊に任せてビジネスで長崎・大坂間を一往復する予定だというのです。船は(長崎から)「三月中旬から四月朔日」までに出発するので、「三月」はじめには河田に会いたいというのですから、事前にぜひとも相談したい案件があるということで、察するに「資金提供」あるいは「借金」依頼ではないでしょうか。

(5)冒頭の「追記」でも明らかなように、竜馬は風邪で寝込んでいます。河田と会うことがなく、直の「相談」はなかったとみるべきでしょう。竜馬が河田に会ったのは、四月二三日午後一一時「いろは丸」が衝突沈没し、「談判」等で長崎に帰還途中の、同月三〇日芸州の御手洗(大崎下島)で停泊中のことでした(松岡司『定本 坂本龍馬伝』五八三頁)。

(6)竜馬は、「北行」の件は、薩摩藩には「連絡」しないと書いています。だが、なぜ「北行」を薩摩に内密にする必要があるのか、を書いていません。推察するほかありません。大きくいって二つあります。

一つは、竜馬グループを取り巻く状況の変化です。この少し前、竜馬グループ、いわゆる「亀山社中」はいわば薩摩藩の「傘下」にあって「薩長同盟」実現に尽力します。幕府の第二次長州征伐が「失敗」したのち、薩摩は竜馬たちの「賞味期限」が終わったとみて、支援を細くします。端的なのは、薩摩の斡旋で買った「大極丸」の代金支払いで、竜馬グループは四苦八苦し、薩摩藩に肩代わりを執拗に依頼しますが、道が開けません。竜馬たちは薩摩から長州に軸足を移し、さらに土佐藩「海援隊」創立（四月初旬）へと進んでいました。

二つは、竹島開拓事業は、長州藩の発案になるものです。それを土佐藩の後藤象二郎・岩崎彌太郎・坂本竜馬のトリオが引き継ぐという性格のものです。薩摩藩抜きの事業です。

2　「竹島」渡航計画——一八六七・三・六　印藤聿《のぶる》（肇）宛

印藤聿（一八三二～一九一二）は長府藩士です。藩主の側近として活躍し、竜馬を長州藩に斡旋した重要人物の一人で、長府藩報国隊の軍艦をつとめました。竜馬のよき相談相手で、印藤宛竜馬の手紙は五通現存しています。維新後は実業家に転じます。

(1)次の前文がついています。（以下の［　］内は追記（挿入）で、小文字で書かれています。）

〈［追白　先日から病気がちで引きこもって居るままにこの手紙を書きました。］以下の件は長々しい話が多く、普通の手紙文にするとわかりづらいので、箇条書きにして書いたほうが良いかと思いました。失礼の段お許し下さい。〉

(2)この手紙で竜馬は、竜馬自身の言葉で、最も重要かつ具体的な「開拓」計画を披瀝しています。だが、あくまで「竹島」開拓、正確には竹島「渡航」計画であり、断じて「蝦夷」開拓でも、蝦夷「渡航」計画でもありません。なお竹島「渡航」目的の内容は「事前＝実地調査」です。

(3)手紙は長文（全一〇段）で、「蝦夷」開拓の披瀝は、第四段でなされているにすぎません。まず問題の第四段から検証しましょう。

〈第四段　わたしは以前、蝦夷地へわたることを考えていたころから、新しい国を開きたいとの考えをつのらせ、一生の大計画と考えてきました。そういうわけで、この竹島行のことは私一人ででも実行しようかと思っております。そのうち伊藤助太夫様は長府藩とは別に私の志を憐れんでくれました。なおかつ私の積年の思いもあるために、計画倒れにはならぬよう密かに志を奮いたたせております。然らば、先ごろ長崎において大洲藩の蒸気船を三月十五日から四月一日までの間に借り入れする契約が決まりそうです。

近日その期限も来るでしょう。〉

(4)二月の河田佐久馬宛と同じように、蝦夷行が積年の思いであり、竹島行は今回の決行であると書いています。二月の河田宛より一歩具体化したのは、「北行」が竹島行であり、渡航する船の手当もつきそうだ、という点です。

ここで重要なのは、「竹島」行きが長府藩と関わっていること、伊藤助太夫も竹島行に同情（同意）している、と書かれていることです。詳しくは第一〜三段の流れに即して検証すべきでしょう。

(5)「竹島」については後述しますが、あらかじめ断っておけば、現在日韓で領有権を争っている「竹島」（＝独島）ではありません。すでに江戸元禄期に幕府と朝鮮国のあいだで領有が確定した、朝鮮（韓国）領の「鬱陵島《ウルルン》」のことです。

(6)伊藤助太夫〔九三〕（一八三〇〜一八七二）は長府藩赤間関（＝馬関、下関の古名）で大年寄を世襲する本陣伊藤家当主です。長州における竜馬の最大パトロンで、助太夫宛て手紙は一四通残っています。

この助太夫が、竜馬の竹島行計画に「同情」（同意）してくれた、と竜馬は言明しています。

実際、この件にかかわらず、助太夫は竜馬に莫大な援助をしています。

この時期、竜馬の本拠地は、長崎でも京、大坂でもなく、「関」（赤間関）で、妻お龍も伊藤家別邸（自然堂）に住んでいます。

(7)大洲藩の蒸気船とは「いろは丸」のことです。借入期間はこの手紙では三月一五日から四月一日までです。借入したのは土佐藩（海援隊）で、借入目的は長崎・大坂間の貨物輸送ビジネスです。竹島渡航ではありません。

三月六日、まだ竜馬は下関で、長崎出航の期限も迫っています。（実際に船が長崎から大坂へ向けて出航したのは、四月一九日でした。）この手紙の一月半後（四・二三～二四）にこの船が惨事に見舞われるのを、このとき竜馬は知るよしもありません。

(8)「新国を開きたい」とあります。「新国」とは一様ではありません。この場合、「国」は、「開拓地」、「領地」、「藩」、「国家」等々の意味を含みます。これものちに検証しなければならない課題です。

他の九段はすべて、「竹島」行に関連したものです。逐一検証してゆきましょう。

〈第一段　先日、三吉大夫が下関の方へお帰りのことだったと思いますが、薩摩藩のものから内々で極めて密かに承った情報によると、長州諸隊のものが三吉大夫の身の上を大いに論じ、「どうかしてしまえ」など気勢を上げているということです。なお密かにその理由を聞いた所、大夫はもっぱら海軍の方に熱心となり、隊の属する陸軍の方のお世話をすることがないからだということで、それ以外は不明です。

私が思う所は、三吉大夫が陸軍を治められた時には、隊中一同は皆報国の赤心を奮い起こし、大夫が賢であることを感じていたことでしょう。今このような陰口を聞くのは、きっと小人が自分の頭上にその賢大夫が居ないことを怨みに思い、いわゆる「南のことばかり気にすれば北が怨む」という状態だからなのでしょう。〉

(9)三吉大夫＝三吉周亮《かねすけ》(一八四一〜一九〇三)は若くして長州支藩長府藩家老(格)になります。高杉晋作のクーデタ(一八六四・一二)に同調し、藩主から切腹を命じられますが、ことなきをえました。藩報国隊総督になり、この手紙の時期は藩船満珠艦艦長で、竜馬のよき相談相手です。なお「大夫《たいふ》」とは「家老」の俗・異称です。

(10)「南面してせいすればバ北方うらむ」は、「南面而征北狄怨」(南面して而征すれば北狄怨む)」(孟子・梁下)を引いたものです。三吉家老・報国隊(陸軍)総督・藩船艦長が、陸軍から反発を喰らっていることが、なぜ重要な問題なのかは、第三段でわかります。

〈第二段　今日、はからずも三吉老翁がお越しになり、幸い無事平安であることを伝え聞き、喜び申し上げます。三吉太夫および印藤大兄にも三四日中には長府から下関にお越しと聞きました。お待ち申し上げます。〉

⑾三吉老翁＝慎蔵（一八三二〜一九〇一）。三吉は養子先で、長府藩士。竜馬が寺田屋で幕府捕り方に踏み込まれたとき、竜馬の助人となり奮戦します。この事件の功績によって二〇石加増の上、目付役に抜擢されます。ここで「老翁」とありますが竜馬より四歳年長にすぎません。三吉（周亮）家とは縁続きです。

⑿今日、三吉家老がやってきた。三四日中に、家老が（ふたたび）、印藤大兄も下関にやってくると(家老から)聞きました。そのとき「あらためて相談いたしましょう。」というニュアンスが伝わってきます。

〈第三段　第一段・第二段のことをつらつらと考えてみたのですが、例の竹島行のことは以前からお耳に入れましたとおり、三吉大夫にもお伝え申し上げた所、随分とご賛同下されました。いずれ近日中に再び長府から下関に出てきて「藩として渡航を決定すべし」とのことでした。その後はお目にかかっておりませんので、お返事を待っている所です。けれども最近の（長府藩の）世情を見ると、目前の問題でなければ相談することはできない状況のために、人々はこの竹島行の計画など無用のことだと無視されるでしょう。三吉大夫の遠大な竹島開拓計画には随わない方向でしょうか。そうであればその計画は実行できないでしょう。残念な結果になるでしょうね。〉

⒀「例の竹島行」とあります。三吉家老、三吉目付、印藤、河田、それに本陣伊藤家の当主と竜馬との間には、すでに「相談」があったことを示しています。三人の長府藩士ならびに下関の大商人と竜馬の間に「竹島」行で一定の意思疎通があり、この手紙によれば三吉慎蔵以外にはすでに「賛同」をえたと書かれています。

⒁ここでとりわけ重要なのは、「三吉大夫が遠大の策」と書いている箇所です。「遠大の策」＝「竹島開拓計画」が三吉家老の「策」で、しかも家老が「藩として渡航を決定すべし」と主張しているのに、人々（藩士たち）は「目前の問題」に目を奪われ、「遠大な策」などには目もくれず、「無用」のこととみなしている、（この無視には、第二段にあるように、家老に対する藩士の反発も作用している）と竜馬は記しているのです。

はたして「遠大な竹島」計画は、三吉家老の「計画」で、それに竜馬が賛同したのでしょうか。

第四段で見たように、「蝦夷開拓」事業は竜馬の「手初」の「計画」だと記されています。だがここは「竹島開拓」計画が主題です。

手紙の流れ（＝第一・二・三段→第四段）からいうと、三吉家老の「遠大な計画」に、竜馬も「乗った」というニュアンスになります。はたしてそうなのでしょうか。のちに詳しく検証しなければならない重要問題の一つです。

〈第五段　先日、渡航計画をお耳に入れた時、内々におっしゃられていた「三吉慎蔵氏が行けないのであれば、代わりに御自身から出向きたい」と聞き、私はまことに幸せに思います。けれども長府藩内が前に述べたような情勢ですので、あなた方がこの長府の地から離れることはどうも難しそうです。〉

⒂第五段から伝わってくるニュアンスは、三吉家老は言うに及ばず、三吉目付も、印藤も、長府藩の情勢が逼迫しているので、「竹島」行は控えたほうがいい、控えるべきだ、という竜馬の意思でしょう。このニュアンスは、この長文の手紙全体に漂っていると断じていいでしょう。しかしなぜ竜馬は、「竹島行」の同行は「無用」というニュアンスを色濃く匂わせているのでしょうか。これも検証しなければならない問題ですね。

〈第六段　私は、予定では今月、すなわち三月の初めから長崎に行って、大洲藩の蒸気船が来るのを待とうと考えておりました。けれども、先日から風邪気味で臥せっており、思うように動けず、かれこれ時間も経つうちに、ここ下関からその大洲船に乗って長崎の方へ行けるようにならんものか、等と思案しておる所です。〉

⒃ここで大洲藩船「いろは丸」の動向について確認しておきましょう。（あわせて2・2・3を参照下さい。）この三月から四月にかけての竜馬の動向と直接関係するからです。

１　一八六六年八月一四日、大洲藩郡中奉行の國嶋六左衛門は「いろは丸」を、長崎で五代友厚（才助　薩摩藩御納戸奉行格）と竜馬の斡旋でポルトガル領事から、三万三千六〇〇両で購入します。五代と竜馬がこの購入交渉に関与したのにははっきりした理由があります。

このとき「いろは丸」は薩摩藩蒸気船（「安公丸」、原名サラ号）で、薩摩はこの小型船（一六〇トン）を大型船に買い換えようとし、同時に竜馬「社中」が運用する船に転用《チャーター》するという意図をもって、國嶋に売り込んだのです。才助と竜馬のビジネスであった理由でもあります。

2　しかしこの購入には問題があり、紛糾が生まれます。第一、國嶋は軍用小銃購入の目的で長崎に出張してきたのです。それに船購入は藩の正式な裁可をうけたものではありません。しかも価格が高すぎます。三万三千六〇〇両は大洲藩六万石の屋台骨を揺るがす大金です。國嶋が、名うての商売上手の五代と竜馬の口車〔sweet words〕に乗せられたとみていいのではないでしょうか。國嶋は責を負って一二月二五日、突如、長崎で切腹して果てます。表向きは「独断」購入の責でした。結果、竜馬は大洲藩士に恨みを買います。

3　四月、竜馬は正式に海援隊の隊長（土佐藩士）に任命されます。そして大洲藩との間に、一航海一五日につき五〇〇両の使用契約を結び、四月一九日、長崎から大坂に向け出航します。問題の一つは、いつ竜馬が（「いろは丸」で）長崎に着いたかです。

4　この「いろは丸」です。一月二五日、亀山社中の渡辺剛八（四月海援隊員＝非土佐藩士）を機関士として、大洲藩（四国）の長浜を発ち、宇和島・長崎へ航海して二月一〇日帰港します。このとき投錨を誤って突堤へ衝突し、兵庫での修理に日時を費やし、長浜へ戻ったのは四月一日でした。そして四月五日長浜を発ち、八日に長崎に入っています。（松岡司『定本　坂本龍馬伝』五一八、五六三頁参照）。

したがって竜馬が「いろは丸」で長崎に回ったとするなら、どんなに早くても、四月五日まで、竜馬は下関に足止を喰らっていたことになります。しかし別便で竜馬が長崎に向かったということも、あり、ではないでしょうか。

竜馬は四月六日伊藤九八（助太夫）宛の手紙で、伊藤への借金八〇〇両のうち六〇〇両を返済する、残り「二〇〇両は竹島行きのためしばらく借用したい」とあります。六〇〇両は小曽根英四郎の立て替えでした。この手紙は長崎から出された確率が高いでしょう。

その手紙です。

〈今日は金子がご入用と思いますので、小曽根英四郎商店の番頭清吉をもって、六百両差し出します。

残金の二百両は竹島行のため今しばらく借用させて頂きたいと思いますので、そのお心積もりをお願いします。　早々頓首〉

小曽根英四郎（一八四〇～九〇）は、長崎の豪商で竜馬の大パトロンでもある小曽根乾堂の弟で、「いろは丸」へは海援隊の会計係として乗り込みます。

〈第七段　大洲の船の石炭費用は一昼夜に一万五千斤〔なので二万斤の見込みです〕、種油は一昼夜に一斗が必要です。

　かの竹島までは地図をもって測算すれば九十里ほどでしょう。先ごろ井上聞多がその島に渡った経験のあるものから聞いた所百里だとの答え。まあ九十里とほぼ同じことです。

　その島に渡った者の話では、楠の木に似た木が広く生えており、また新木も広くあるとのこと。さらに一里から二里ほどもある平地もあるとのこと。島の周囲は十里ほどだとのこと。わたしがかつて長崎で聞いた竹島の話もこの話とよく似ていて、もとはひとつの所から出た話かとも疑います。その島に行ってただ帰るだけなら〔下関から出て下関へ帰るまで〕三日間かかるでしょう。〉

(17)ここは「竹島」の位置関係等です。竜馬の報告は具体的でしかもほぼ正確です。（〔〕は現況。）

海図での測算では下関から九〇里ほど、井上聞多〔のちの井上馨〕が聞いた話では一〇〇里〔地図上でおよそ直線で四〇〇キロ〕

一〜二里の平地がある〔平地はなく、一〇〇〇メータ弱の火山島〕

周囲一〇里〔面積七二・八平方キロで、ほぼ妥当〕
往復三日〔単純計算では可だが、直後、岩崎彌太郎が渡航に費やした日数は往復で五日〕

「平地」があるという「話」以外は、ほぼ正確といっていいでしょう。この正確さの因も検証しなければならないでしょう。

ただしこの島を、江戸期、幕府は朝鮮領と認め、渡航禁止にしていました。日本は開国したとはいえ、朝鮮は鎖国のままです。この島への渡航は「国禁」を犯すことになります。そのことを竜馬は知っていたのでしょうか。これものちに検討しなければなりません。

⒅江戸期、竜馬が渡航しようとした「竹島」を、幕府は「竹島」とよび、現在日本が領有する「竹島」（島根県　実効支配する韓国は「独島」とよびます）のほうを「松島」とよびました。もちろん両島は九〇キロ余離れたまったく別の島です。（ただし、しばしば混同されてきました。）

〈第八段　もとより断然、船を借り入れたならば、自然とその計画は進むものと考えられますが、計画に賛同し、島へ渡ろうとする人を募集する方法があれば、三吉大夫、および印藤先生や三吉慎蔵氏は行くのか行かないのかを早めにお知らせ願いたいのです。そのわけは、もしも皆様がこの計画から降りられたら、以前より約束し、かねてから計画を聞かせていた人たちをまた募らなければならないからです。ただし資金調達のことだけですが。

もし御自身はお出でにならなくても、この計画に賛同し、その割り当ての資金を拠出頂けるのならば、私も出資者を外部に募る必要はありません。〉

⒆ここで竜馬は、三吉家老、印藤、三吉慎蔵に最終的な選択を迫っています。

1　竹島へ行くのか行かないのか？

2　行かなくても、資金を拠出するのかどうか？

3　資金拠出が不能ならば、外部に拠出の再募集しなければならない。

ただし、3の選択には目前に迫った計画実施を不能にする、というニュアンスが強く込められています。

〈第九段　三吉大夫も計画に賛同せず、印藤君たちも行かないとなれば、他人を募らず、僕一人でもこの計画を成し遂げるつもりです。しかしこれにはまたお金が必要です。今手元にも少々の資金はありますが、できますならば四〇〇両を十ヵ月の期限で拝借したいのです。この資金面のご尽力が叶うのであれば、一生の大きな幸いであります。是非ともよろしくお願いいたします。〉

⒇ここで、竜馬は自分「一人」でもゆく、と言明します。だが本題はやはり金のことです。一人でも成し遂げるにしても、金がいる。四〇〇両を一〇ヵ月の期限で貸してほしい、と半ば懇請、半ば強請しているといっていいでしょう。

この長い手紙の「本音」は第九段で直截に示されているのではないでしょうか。ただし四〇〇両拝借が成功したかどうか、は不明です。拝借できなかったのではないでしょうか。

〈第十段　たとえ三吉大夫達および印藤君達が参加できなくても、次のような人材の手配はお願いしたいのです。

一人は、山に登って材木になる木を見つけ、その木の名前を聞き、土地を見て稲や麦が育つか、山は桑や櫨《はぜ》の木を植えて育つに適しているか否かを見定める者。一人は海に入って貝類・魚類・海藻の様子を見る者です。［お世話をして下さいとお頼みしたのはこのことのです。］

この開拓の件は私の一生の念願とするもので、良い山林樹木があり、海産物も良いものが採れるのならば、人を移住させて、自然の恵みの豊かさを喜び、諸国の浪人たちに命じてこの土地を開拓させようなど、様々な思いや希望が千万も湧き出している所です。〉

(21)この段は、前段でたった一人でも成し遂げる、それには金がいる、と述べたうえで、その他に人材も必要だ、ぜひ手配をお願いしたい、という懇請です。（ちなみに人材確保はならなかったと推測されます。）

最後に、竜馬はこの長文を、年来の開拓の想いを綴って、終えています。じつに、資金拠出あるいは借金申し込み文としては、起承転結が行き届いた手紙ではないでしょうか。

〈　以上、稽首百拝いたします。　　龍

三月六日　　眠れないままに筆を執りました。

印藤先生

　　左右〉

(22)なお原文にあるように、付記の形で、「歌会」を開き、第二位に選ばれた自作の和歌の披瀝などがあります。

2・2・2 「竹島」へは「蝦夷」への予行演習!?

1 第五次蝦夷開拓計画まであったって!?

竜馬の「蝦夷」開拓計画は竜馬生涯の事業《ライフ・ワーク》で、その全部を合わせると、三次あるいは四次、さらには五次にわたる計画、文字どおり、初発かつ遠大な計画であった、ということになります。その回数は色々ですが、蝦夷開拓計画を数次にわたる生涯の事業とみなす人はけっして少なくないというより、むしろ多いといっていいでしょう。

大ざっぱですが、いわゆるその蝦夷開拓計画なるものを列挙し、簡単に検証してみましょう。

(1)第一次。一八六三年六月二九日、乙女宛手紙

この手紙は、すでに1・1・1の3（乙女宛二四頁）でふれましたが、竜馬は、二、三の大名と結束し、〈京都の朝廷をこの日本国の根本に据える、という大原則を立てて〉、〈日本

を一度洗濯してやろう、というのが大目標です。〉と書いています。「松前・蝦夷」という言葉も出てきます。

しかしここには国事に奔走しだした竜馬の新鮮な心意気《スピリット》は見られますが、「蝦夷開拓」計画の片鱗も窺うことはできません。

⑵第二次。一八六四年六月一七日、『海舟日記』

《乗替船のため、翔鶴丸、長崎丸引船の為、黒龍丸入津。坂本龍馬、下東、右船にて来る。聞く、京摂の過激輩数十人〔二百人程〕、皆蝦夷地開発、通商、国家の為憤発す。悉く黒龍船にて神戸より乗廻すべく、此義御所并びに水泉公〔老中水野和泉守〕も御承知なり。且、入費三、四千両、同志の者、所々より取集めたり。速やかにこの策施すべくと云う、士気甚だ盛んなり。》

入津したのは下田港で、下船した海舟に竜馬は、京、大坂の過激派二〇〇程が、蝦夷開発、通商、国家のために奮いたった。黒龍丸で神戸から出港することは、朝廷も水野老中も承知している。しかも資金も同志が集めた。速やかにこの計画を実施すべきだ、と報告しています。

大いなる疑問があります。列挙し検証しましょう。

1　京、大坂の浪士数十人あるいは二〇〇人が蝦夷地開発に「憤発」したというのは事実か？　否です。

事実は、海舟と竜馬が下田で会った十数日前の六月五日に、神戸操練所の海軍塾生の北添佶磨や望月亀弥太たちが、「池田屋」に集まったところを、新選組に襲撃され、死闘のすえ憤死しています。いわゆる「池田屋事件」ですね。

2　黒龍丸借り受けを老中水野は承知したのか？

六月一七日時点では、はっきりとノウ、です。

たしかに一八六四年二月七日、竜馬は越前藩船黒龍丸の取り扱いについて「嘆願書」を記し、越前藩から黒龍丸を幕府が買い取るという建白書を勝が提出し、七月一九日買い取りが決まり、海軍操練所の「持船」になるはずでした。ただし、竜馬が海舟とであった六月一七日以前に、黒龍丸を蝦夷開拓に使用するなどは、あるいは竜馬（たち）の「プラン」としてはあったかもしれませんが、現実には「論外」だったといえます。

なぜでしょう。神戸の「海軍操練所」は幕府の海軍訓練機関であり、海軍塾は海舟の私塾だとはいえ幕府機関の補助組織だからです。政府所有の船を過激派が乗廻すなどが、正式に許可されるなぞ不可能です。

3　それに「池田屋事件」に続き、いっそう大きな暴発、「禁門の変」（七月一八～一九日）がおきます。土佐の安岡金馬や池内蔵太等海軍塾生も、この一連の変・乱に参加します。「禁門の変」で勝ちを制し、長州征伐に乗りだした幕府は、海軍塾を反幕・倒幕「攘夷浪士」の巣窟とみなし、九月には練習生の調査を、一〇月には勝に帰府を、一一月一〇日に軍艦奉行解職を命じ、翌年三月一二日に神戸海軍操練所を廃止に追い込みます。この間、各藩から塾生や練習生に帰国命令が出されました。

竜馬とそのグループは、海舟という後ろ楯を失うのです。もっと重要なのは、勝とともに竜馬が抱いていた、神戸海軍操練所を中核とする、幕府や藩をさえ越えた「一大海局」、すなわち日本国海軍の創建構想が宙に浮いてしまったことです。勝も竜馬も窮地に追い込まれたのです。

4　三、四〇〇〇両もの資金の手当てが出来たのか？

まったくノウです。

竜馬は海軍塾（私塾）の塾頭（並）ですが、浪士たちの蝦夷開拓計画に資金を提供する有力者はいたでしょうか。竜馬たちには「商売」の実績もまったくありません。たしかに北前船は莫大な富を生むでしょう。しかし、実績があり、船があり、航海技術があり、パトロン（信用・保険）があっての交易です。残念ながら、竜馬たちはまだ訓練生の段階です。

「カネ」のことにかんしていえば、竜馬とそのグループは、借金まみれで債鬼に追われる、あるいは公金「流用」を追及される側だったのです。

5　竜馬が「蝦夷開拓」計画を云々する理由

この海舟日記は、「士気甚だ盛んなり。」にアクセントを置いて読む必要があります。海舟自身、朝廷や老中が海軍塾の塾生たちに黒龍丸乗回しを許可するなどはまったく不可能であり、海軍塾の若い練習生ましてや過激派浪士が数千両を集めるなど至難であることを、先刻承知の上で、日記を書いているとみなければなりません。

その上で、蝦夷開拓計画を云々しなければなりません。

竜馬の第一の思いは、海軍操練所に期待して海軍塾に集まった藩士や脱藩浪士をはじめとする若い人々を、倒幕・尊皇攘夷の激発の渦のなかに投げ込み、失いたくないということです。この点は海舟もまったく同じはずです。

しかも勝私塾である海軍塾は過激浪士の巣窟とみなされていました。実際そうでもありました。しかも将軍家茂の肝いりで創設された神戸海軍操練所は、幕閣の意向とは別に、勝のスタンドプレーで生まれた金食い虫とみなされ、いつ取り潰されてもいいという状態だったのです。

竜馬は海軍塾内外でいまにも暴発しそうな若い尊攘派のエネルギーを、「蝦夷開拓」という名、「新国を開く」プランで引き寄せ（もっと露骨にいえば「釣り」）、ガス抜きをはかろうとした、というのが実態ではなかったでしょうか。

ところが、案の定というか、最悪なことに、竜馬の心配が的中して、若いエネルギーが池田屋騒動や禁門の変で暴発してしまったのです。竜馬のもくろみ、若いエネルギーの「温存」（conservation）は御破算になります。

いずれにしろ、このときの竜馬の蝦夷開拓計画は、一種の「ガス抜き」、せいぜいよくて「次善の策」（the second［next］best policy）であり、「片言」だけの内容空疎なものですから、遺漏なくいえば「机上のプラン」（a desktop［paper］plan）とよべる程度のものでもなかったというべきでしょう。

⑶第三次、ワイルウェフ号あるいは大極丸で蝦夷行きを計画

1　ワイルウェフ（Wild Weve）号は、一八六六（慶応二）年三月、薩摩藩が購入し、竜馬グループ（社中）に運用を任された洋式帆船（一五九トン）です。海軍塾崩壊で脱藩し、薩摩に庇護を求めた塾出身の竜馬グループ（社中）は、ようやく「持船」をもつことができたのです。ところがようやく手に入れたはずのこの虎の子の船が、長崎から竜馬のいる鹿児島に「初」航行中の五月二日、五島沖で座礁、沈没してしまったのです。

このワイルウェフ号で、竜馬の蝦夷開拓計画の道が開けたが、難破して果たせなかった、という論者がいます。たとえば合田一道(『龍馬、蝦夷地を開きたく』、『北海道謎解き散歩』好川之範・赤間均編著　新人物文庫　二〇一二）です。

2　持船を失った竜馬の社中（グループ）がようやくその願いを遂げたのは、一八六六年一〇月のことです。薩摩の西郷や小松帯刀が仲に入り、小曽根英四郎が保証人となって購入したのが大極丸で、洋式帆船（四〇〇トン）価格は七千二〇〇両です。この船の購入に直接あたった高松太郎（竜馬の甥）が、大坂に駐在し、ようやく社中自前の「商用《ビジネス》」が可能になります。

この船でワイルウェフ号で果たせなかった蝦夷行きが実現する、というニュアンスを持たせる論述があります。たとえば、平尾道雄『龍馬のすべて』（一九六四）や松岡司『定本坂本龍馬伝』です。

だが当面、竜馬たちはビジネス（海運業）に奔命しなければなりません。借金だらけの苦境を抜け出るため、ビジネスで蝦夷に行くためにも、航海術の精度を上げる必要がありました。竜馬の「海兵」グループは、航海術ではまだまだ熟練度が低く、とりわけ経験度を欠いていたといわざるをえません。

残念ながら、竜馬のグループは、短期間に、ワイルウェフ号（一九六六・五・二「初」航海で難破）、いろは丸（六六・四・二四衝突・沈没）、そして虎の子の大極丸（実働一年あまりの六七年一一月、竜馬の死の直後、紀州沖から伊豆まで流される）を欠きます。海運業者としては「失格」の烙印を押されても仕方ありません。

3　とはいえ、竜馬は別な意味のビジネスには長けていました。ワイルウェフ号は薩摩藩の「支給」でしたし、大洲藩船「いろは丸」沈没の賠償金を紀州藩から「法外」に引き出し、大極丸（船名を順海丸に変更）の代金は、土佐藩に肩代わりさせる約束を取りつけ、結局、うやむやにしてすましたからです（土佐商会の岩崎彌太郎が一〇〇〇両だけ支払ったようです。松岡司『定本　坂本龍馬伝』八九七頁）。

(4)第四次、一九六七年二月〜三月、二通の手紙

これについてはすでに述べました。主題は「蝦夷」開拓ではなく、「竹島」開拓以外のものではありません。手紙の本意は、資金提供あるいは借金依頼でした。

(5)第五次、一八六七年一一月一一日、林謙三宛手紙

《段々の御思召能《よく》相わかり申候。そが中ニも蝦夷の一条は別して兼而《かねて》存込の事故、元より御同意仕候。》（〈そのなかでも蝦夷地開拓の一件はとくに私も以前から考えていたこ

とですので、当然、同意します。〉宮川禎一訳）
1　この手紙は「暗殺」直前の竜馬最後の一通で、「遺言」代わりの位置を占める、とみなされてきました。とりわけ「蝦夷の一条」という言葉がひときわ強調されたのでした。
2　この林謙三（一八四三〜一九〇九）とは、広島生まれで、ぽっと出の海軍塾生たちと違い、二年間イギリス戦艦に乗り込み海軍修行し、一八六六年、若いが薩摩海軍の養成に携わった人物です。また明治政府の海軍創設を担った一人で、海軍中将安保清康《あぼきよやす》その人です。ただし黒田清隆のように、蝦夷開拓には従事していません。
いうまでもなく、竜馬は自分の死期を悟ってこの手紙を書いているわけではありません。「遺言」の類いとして読むのはどうでしょう。
3　竜馬の当面の「心配」は、前日一〇日林宛の手紙にあるように、甥の高松太郎が大極丸購入費支払いでトラブルを引き起こし（結局、代価は土佐商会が支払うということになるが、もめにもめて七月にいちおうの「決着」がつきます。だが実行はされずにうやむやになったようです）、林あるいは薩摩藩を巻き込んだことにあります。
一一日の手紙では、いわれるように、林が薩長土肥の主導権争いになぞ首を突っ込まず、局外に立って蝦夷へ下るのもいいじゃないか、といっているようです。（もっとも、蝦夷だって平穏無事でなかっただけでなく、むしろ直後に内乱の最前線になったのですが。）

4　だから「蝦夷の一条」が大政奉還以降に竜馬がめざす「見果てぬ夢」だったなどというのは、あまりにも牽強付会といわなければなりません。

蝦夷は蝦夷で重要です。でも、黒田清隆や榎本武揚の事業であったとはいえますが、竜馬の事業ではありません。（ちなみに黒田と竜馬は薩長同盟でともに働いています。黒田は、箱館戦争で戦った榎本赦免に動き、新政府で榎本を北海道開拓に引き込みますが、うまく行かないとみると、閣僚に押し込み、終生コンビを組み、最後は息子と娘が結婚をすることで、血族になります。）

5　総じて竜馬がときに「蝦夷開拓」計画を打ち上げたり、それに通じるようなことを手紙に書いたりしたという「事実」はあります。しかし、正直いって、「夢想」の類いであり、「方便」にすぎないとしかいいようのないものなのです。

2　六七年夏・秋、竜馬、蝦夷開拓を断る

蝦夷開拓計画のぶち上げより、検証すべき重要なことがあります。

⑴一八六七年秋、京の竜馬に、蝦夷地とくに北蝦夷＝樺太防備（開拓）の実情を訴え、開拓協力を依頼する話が舞い込みます。それもいい加減なものではなく、蝦夷とりわけ樺太開拓に奔命する第一線の樺太探検家・開拓者からもたらされたものです。

依頼主は岡本監輔（一八三九～一九〇四）で、岡本の撰（著）『大日本中興先覚志』（一九〇一）に、こう書かれている、と林啓介『樺太・千島に夢をかける　岡持偉庵の生涯』（新人物往来社　二〇〇一）は記します。

《ああ、竜馬の規模の大、胆略の壮にして、終に非命に死す。惜しむに余りあり。この時余は清水谷家に寓す。友人山東直砥（一郎）と同じく竜馬を訪い北辺防御の急を述ぶ。竜馬之を聞いて憤面をなし幕人の因循を怒る。……竜馬のたまえらくは、まさに為すあるべしと。故に切に之を惜しむなり》

山東一郎は薩摩の堀清之丞（真五郎・基）の紹介で（一説には岡本の意を受け）六七年の夏、長崎に竜馬を訪ね、蝦夷・北蝦夷開拓の急務を説いたとあります。このとき竜馬は「いろは丸」沈没事件等々に奔走中で、その後も「大政奉還」を画策するなど、蝦夷・北蝦夷開拓に力を割く余裕はなかったと思われます。

岡本と同志の山東が京都に竜馬を訪ねたのは六七年一〇月下旬で、竜馬暗殺の一〇日前のことだと著者林は記します。ただし竜馬は岡本が画策する「北方防御」（樺太防衛）を「まさに為すあるべし」と述べたでしょうが、同行はもちろん、海援隊隊員等を送り助力することも叶わない、と談じたに違いありません。

それに肝心要の「大政奉還」がなって、時局がどう動くかわからない重大時期にあたっていました。なによりも、倒幕では一致していたものの、「大政奉還」を幕府延命策とみる薩長、それに身内とでもいうべき土佐陸援隊、土佐藩大監察（大目付）板垣退助等「武力倒幕」派の決起の機運があった最中でした。

⑵一八五五年「日露通好条約」で南千島（択捉島から南の島々）が日本の領土となり、樺太は日本とロシア両国の「雑居地」と定められます。

岡本の樺太探検と開拓は、一八六三年二五歳のときにはじまり、七一年樺太を引き上げるまでの八年間、四回にわたります。二回目には、あの間宮林蔵もなしとげることのできなかった樺太沿岸を独力で全踏破します。彼ほど樺太の地勢、気候、住民、資源、政治軍事情勢等々の実態をよく知り、ロシアの軍事力を背景とした移民と侵出に苦慮した人はいないでしょう。（岡本の樺太探検と開拓の苦闘を描いた作品が綱淵謙錠『狄』です。）

岡本は、樺太（北蝦夷）を死守しなければ、蝦夷地の防御もままならない、樺太は蝦夷防衛のひいては日本防衛の生命線である、と、ときの幕府＝箱館奉行所に懸命に訴えましたが、聞き届けられなかったのです。

彼の方策は、樺太に多くの移民団を送り、開拓を実りあるものとすることでした。しかし、幕府とその出先機関である箱館奉行は、ロシアの軍事力を背景にした樺太制圧に手をこまねくだけだったのです。

ただし竜馬の援助が不能になっても、竜馬が暗殺されたことを知っても、岡本の樺太開拓の志は少しも変わることはなかった、とつけ加えなければなりません。


⑶このとき、岡本はかねて知り合いで（教え子でも）あった若い公家（貧乏侍従）の清水谷公考《きんなる》（一八四五〜八二）を説き動かしました。その甲斐あって、清水谷公はできたばかりの新政府に蝦夷・北蝦夷開拓上申書（岡本作成）を提出します。岡本等の懸命な工作が功を奏し、新政府は清水谷公を総督する蝦夷地鎮撫隊を箱館に派遣することを認めました。

六八年閏四月、清水谷公は箱館に入り、幕府箱館裁判所が無抵抗のなか、箱館府を立てて知事になります。岡本は権判事（樺太担当）に任命されますが、すぐに募集した「移民団」とともに樺太に渡りました。

しかし箱館府は、成立ほどなくして旧幕府榎本軍の攻略にさらされ、ほとんど無抵抗のまま青森に敗走します。ために一八六九年、榎本軍壊滅ののちに開拓使が生まれると、清水谷公はすぐに引責辞職に追い込まれます。蝦夷地は、箱館を含めて「北海道」という名に改められ、国の直轄事業機関として開拓使が発足します。

ところが開拓使で岡本は判官に任じられ、樺太（開拓民救出）に向かいます。でも開拓史の実権を握り樺太担当となったのは薩摩の黒田清隆（次官）でした。黒田は日本とロシアの国力、軍事力の強弱を理由に、樺太保有よりも放棄を主張し、ために岡本は辞職を余儀なくされたのです。

(4)ここでぜひとも簡単に触れておかなければならないのは、竜馬の甥で、大坂で海援隊の出先機関を任されていた小野淳輔（高松太郎・坂本直）の動向です。

竜馬亡きあと、海援隊は、長崎と瀬戸内海の塩飽諸島・小豆島鎮撫に当たります。だが竜馬の甥の小野淳輔は、単独で別行動を取り、清水谷公の鎮撫隊に参謀として加わり、無抵抗のまま箱館・五稜郭に入って、箱館府の権判事（知事・判事に次ぐ地位で、外国方＝各国一切の事務を掌る）に就任しています。岡本、山東、堀とともに一挙に高官に昇った形になります。おそらく在坂の小野が、どういう手ずるをえたかは判然としませんが、京の清水谷公（や岡本）につながって蝦夷鎮撫隊に加わることができたのでしょう。なお、小野に清水谷公に提出した蝦夷地経営に関する建白書があります。その一部が土居晴男『坂本龍馬の系譜』に引かれていますが、その箇所は「外国方」の方針です。

一説には、小野が山東と岡本を竜馬に仲介した、とあります。あるいは小野は、竜馬の命ですでに蝦夷に渡った経験があるので、竜馬の蝦夷開拓の志を受け継ぐために新政府の蝦夷地鎮撫隊に加わったとあります。にわかには信じがたい説です。

しかし、問題は鎮撫隊でもある箱館府が、旧幕府軍との戦いであまりにも消極的で、いとも簡単に青森に撤退したことでした。戦後、清水谷知事は辞任に追い込まれ、小野権判事は東京に呼び戻され解職になります。小野は真っ暗闇の奈落の底に突き落とされます。

箱館府の消極ぶりは、残念なことに、参謀長ともいうべき府判事の井上石見（薩摩出身一八三一～六八）を六八年九月、択捉島視察の帰途に遭難で失っていたことです。加えて、蝦夷地を熟知していた岡本が樺太に、山東一郎は上京中で不在だったことでしょう。「参謀」を欠いていたというわけです。

もっとも黒田清隆軍が旧幕府軍を撃破したのですから、箱館府・蝦夷地開拓の実権がにわか仕立ての清水谷箱館府から、政府直轄の開拓使に移動して当然だったといえます。開拓使は、樺太死守派と放棄派との対立になり、丸山作楽《さくら》（外務大丞）や岡本の死守派は敗れて解任され野に下ります。

3　「竹島」開拓は「蝦夷」開拓のミニ版なのか？

何度もいわなければなりませんが、竜馬生涯の事業などといわれる「蝦夷」開拓は、はじめからおわりまで「アドバルーン」（advertising balloon　和製英語）の類いです。ちょっとでも調べれば、先に見たように、まったくといっていいほど内容に乏しいものだ、といわざるをえません。

したがって竜馬の「片言隻句《せっく》」を拾い集めて、竜馬終生の事業プランとするなどは、厳に慎むべきだと思うのですが、竜馬研究の道を開いた平尾道雄（一九〇〇～七九）以下の錚《そう》々たる竜馬研究家たちが、口をそろえるようにして竜馬の「蝦夷開拓」計画をとりあげ、これを亀山「社中」や「海援隊」の事業と結びつけるのです。そんなことは可能なのでしょうか。最初に結論からいえば「不可」です。

(1)まずいわなければならないのは、2・2で詳しく見たように、竜馬が一八六七年に手がけようとしていた「竹島」開拓計画は、「蝦夷」開拓計画の続き、ミニ版ではありません。「竹島」開拓計画は、少なくとも、長府藩の有力者たち、三吉周亮大夫（家老）、三吉慎蔵目付、印藤肇報国隊総督、そして長府の豪商伊藤三太夫の「讃意」のもとに進められた計画です。相手は海軍塾生や若い過激派ではありません。

(2)このとき、竜馬は土佐藩との連携を図っていました。その連携に動いてくれたのが長州藩（とくに木戸孝允）で、木戸の仲介等もあって、六七年四月には「土佐海援隊」が正式誕生します。

海援隊は独特な組織です。

どこにも属さないフリーターの組織ではありません。土佐藩に属しますが、隊長の竜馬だけが藩士で、他の隊員は契約社員というかフリーランスで、一人隊長の指揮・管理下にあります。また竜馬と土佐藩の関係は、唯一、竜馬と後藤象二郎（参政）との一対一＝対等関係でつながるだけです。

竜馬は隊長として土佐藩に海援隊の全責任を負いますが、土佐藩政庁の管理下にあるのではなく、フリーハンドをもつ自治組織なのです。その事業は、「運輸・射利・開拓・投機・本藩の応援」を主とするとあります。竜馬が進める社中と土佐藩との連携相手は、土佐勤皇党を切って捨て、グループを脱藩に追い込んだ張本人、参政で土佐商会のトップの後藤象二郎です。すんなり納得できません。社中内にわだかまりが残って当然です。

海援隊誕生の経緯を考慮に入れると、あるいは、「竹島」開拓計画は誕生する海援隊の最初の事業で、土佐藩とりわけ後藤象二郎との提携に疑問を持つ隊員のわだかまりを払拭する好材料となるはずのものだ、と考えることもできます。


⑶大きな疑問があります。

神戸海軍塾「解散」後、竜馬グループは、名無しの権兵衛（フリーター）ではなく、ようやく歴とした土佐海援隊という「名前」（所属 membership）をもつことができました。その隊の最初のビジネスが長崎から大坂に荷を運ぶ仕事です。そのための船の借り入れも決まります。

ところが竜馬のほうは、いかにも唐突な形で出てきた「竹島」開拓計画に熱中している（かのような）のです。妙なフシもあります。

竜馬は「証言」を残していませんが、大洲藩から借り受け、長崎・大坂間を往復する予定の「いろは丸」を、復路あるいはいったん長崎に帰港してから、「竹島」渡航に利用する腹づもりだったとみることができます。

しかしこんなことを海援隊員は承知していたのでしょうか。承知していたとして、実行に踏み切ったでしょうか。

ただし三吉家老や目付、さらには伊藤に拠出金を頼んだり、印藤に四〇〇両（一〇月の期限で）という大金をぽんと貸してほしいと申し出ているのです。彼ら長府人に向かっては「竹島」開拓こそ本筋だ、といっているのです。

長府藩の有力者と、海援隊員とに竜馬が語っていることには、齟齬があります。しかしとにもかくにも、まずはビジネスです。

なお、四月六日の手紙で、竜馬は伊藤九三に、小曽根英四郎商店の番頭の手で、返済に六〇〇両を差し出すが、残金の二〇〇両は「竹島行きのため」今しばらく借用させてほしい、と伝えていることにも注目しておいてほしいと思います。

⑷もっと意地悪くというか、クールに考える必要があるかもしれません。

例の「大極丸」の購入金未払い問題が解決していません。それに竜馬グループは、海軍塾以来、いたるところで大小の借金を重ね、返済を滞らせているだけでなく、ときに官金私消、詐欺まがいのことまでしてきたのです。ビジネス上の評判（信用）はすこぶる悪いのです。

その「一端」というか、「全貌」を、竹下倫一『龍馬の金策日記』（祥伝社新書 二〇〇六）が垣間見せてくれています。竹下は、「海援隊」誕生は、土佐藩（土佐商会・後藤象二郎）の援助を見込んだ、「大極丸」未払い問題解決のためで（も）あった、といいます。一笑に付すわけにはいかない指摘でしょう。

大極丸は六六年一〇月二八日「社中」に引き渡されました。だが代金支払いの目途が立っていません。高松太郎をはじめ、やいのやいのの催促で四苦八苦、金策に駆け回りますが、大金です。まったくらちがあきません。

そんな折、土佐藩参政の後藤との提携話が進み、六七年春、後藤が全額支払いを快諾してくれます。といっても、実際の支払いはずるずる引き延ばされ、船のほうはそのときもう「残骸」になりはて、うやむやな形になったようです。

竜馬もそのグループも金詰まりです。竜馬は、「いろは丸」でビジネスを素早くすませ、「竹島」開拓計画で出資金を募るという、一石ならぬ「一隻」二鳥をもくろんだともいえるのではないでしょうか。

(5)それあるか、海援隊が発足し、「いろは丸」が衝突事故で沈没しても、「竹島」渡航計画は実行に移されたのです。エッとお思いでしょうが、本当なのです。

ただし竜馬の手によってではなく、「土佐商会」岩崎彌太郎の手によって竹島渡航が実施されたのです。結果は惨憺たるものでしたが、このことについても、あとで独立の節をとって、詳論しなければなりません。

いずれにしても、「竹島」開拓計画は、「蝦夷」開拓計画とは別個独立のものです。もちろん「蝦夷」開拓の「ミニ版」などではありません。後述するように、幕末から明治期にかけての日本外交戦略の基本に関わる問題を含むからです。

4 「竹島行」――三吉家老の賛同をえること、長府藩事業にすることは、可能か?

ところであらかじめ確認しておきたい問題があります。三月六日の印藤宛手紙に、三吉大夫の賛同をえた、「藩として渡航を決定すべし」と三吉家老がいった、と書かれていますが、そんなことは可能なのかということです。

(1)「竹島」は朝鮮領で、幕府は渡航禁止にしています。日朝同意のもとでです。すでに日本は開国していますが、朝鮮は鎖国中です。そんな島に、長州藩支藩の長府藩家老が渡航すること、あるいは渡航に賛意を表明することは、はたして可能なのでしょうか。「公的」にはいずれも不可能だといわなければなりません。

もし渡航したり、渡航・調査に賛意を表明し、この事業に資金を出したりしたことが露見したら、三吉家老はおろか、長府藩も、長州藩も「国禁」を犯すことになります。

(2)幕末です。「密航」など珍しくありません。とりわけ幕府軍を打ち破った長州藩です。長府家老が渡航したって、相手の国の「国禁」を犯すにすぎない、どうということにはならない、ということはできるでしょう。

だが同じ長州藩の吉田松陰の「密航」(一八五四)とは事情が異なるとはいえ、朝鮮国の国禁を犯すのです。一昔前に松陰は獄につながれ、本藩送還のうえ野山獄に入れられ、師の佐久間象山は密航を示唆したかどで連座し、本藩松代に蟄居させられます。はたして三吉家老や三吉目付にお咎めはない、といえるのでしょうか。

さらに朝鮮国から幕府に厳重な抗議があれば、どうなるでしょう。

まして長府藩が、藩の事業として「竹島」渡航に加わるなどは、いくら幕府の権威が落ちたとはいえ、論外だったのではないでしょうか。

それに、当の手紙で、長府内における三吉家老の地位は安定したものではないことを竜馬は伝えているではありませんか。実際、三吉家老は六七年四月に、長府藩藩船「満珠艦」艦長の任を解かれています。

(3)「いろは丸」沈没で、「竹島」渡航計画が「頓挫」しました。(もともと「いろは丸」による竹島渡航計画はなかったのでは、というのがわたしの推測ですが。)これをむしろ、三吉家老はじめ長府藩諸氏は「ラッキー」というか「ホッ」とした気持ちで迎えることができたのではないだろうか、というのがわたしの推測です。

それに「いろは丸」が実際に荷を積んで長崎を出航してからは、竜馬の心中から「竹島」開拓計画は雲散霧消していたのではないでしょうか。その後、沈没をめぐる賠償問題、「大政奉還」問題等、やつぎばやに竜馬の心中ばかりか日本国全体を揺るがす問題が、生じます。竜馬の心底を憶測することは難しいというべきでしょうが、いろは丸による竹島渡航が不可能になったことで、長府藩の面々に言い訳が立った、ということは事実として残る、というのがわたしの観測です。

5　渡航禁止令をどうするか？

ここで「竹島」とは、前述したように、朝鮮領の「鬱陵島《ウルルン》」のことです。もちろんこのことを竜馬は承知しています。したがって、渡航は鎖国を敷いている朝鮮国の「国禁」を犯すことだ、と知ってのことなのです。もし朝鮮国に拿捕《だほ》されれば、とんでもない事態を招きかねません。

(1)竜馬は二度「脱藩」します。藩にとっても、幕府にとっても「国事」犯です。なぜ幕府にとっても、かといいますと、「脱藩者」を放置しない、放置する「藩」を許さない、というのが幕府の基本方針だからです。

その幕府の権威ががた落ちになりました。それに開国しました。外国へ渡航は可能になりました。ただし幕府の許可が必要です。「藩」はまだあります。「脱藩」者は許されていません。それに脱国先が鎖国を敷く朝鮮は別です。

おそらく、というほかありませんが、「脱藩」者の竜馬は、渡航禁止令があってもなくても、機会さえあれば、平気で海外渡航したのではないでしょうか。竜馬自身にとっては、竹島が渡航禁止にあたるということが、さして重要な問題ではなかったと思われます。もちろん拿捕されないもくろみがありました。竹島が「無人島」だと了解していたからです。（この見当は見事に外れますが。）

⑵別な理由もあります。竜馬は、河田佐久馬や長府藩の三人が竹島渡航に同行するなどとは、当初から考慮の外にあったと思われるからです。「一人でも行く」というのは、一見すれば、渡航決意の固さの表現でもあります。だがわたしには、「同行しなくても構いません。むしろ結構」というサインではなかったか、と思われます。いずれも拠金出資候補者ならベター、「賛同者」でもオーケーということです。

なんだ、竜馬は「開拓」事業を「カネ」目当てでやったのか、という非難があるやもしれません。非難は当たりません。みなさんには「賛同」で結構、「拠金」ならのぞましい、これが三吉他の長府藩士にも、竜馬にとっても、好都合なのです。

いずれにしろ、竜馬の「竹島開拓」計画なるものは「いろは丸」沈没で雲散霧消します。ただし、後述するような、もう一つの「竹島」開拓計画が実行に移されたのです。それに触れる前に、「竹島」開拓計画と「いろは丸」海難事故について、あらためて検証しておきましょう。

2・2・3　海援隊と「いろは丸沈没事件」

わたしは拙著『坂本竜馬の野望』（二〇〇九）で以下のように述べました。

《一八六七年四月、海援隊は発足した。けっして瓢箪から駒の結果ではなかった。竜馬の活動コースから生まれた「必然」といったほうがいい。

それにしても海援隊とは、坂本竜馬の「最後」の活動舞台にふさわしい独創的なものである。活動は、六七年の四月から、竜馬の死を挟んで、一八六八（明治一）年四月解散までの、一年である。竜馬にとってはわずか半年にすぎない。しかしその組織も行動も竜馬の創造物に他ならない。

海援隊とは、所轄が土佐藩それも参政一人（後藤象二郎）で、隊長の竜馬が自由独裁で取り仕切ることができる、融通無碍かつ曖昧模糊というべき独立法人として出発した。おおよそ隊の構成や権限等は以下のようだ。

海援隊はたんなる海援隊ではない。長崎を本部とする土佐海援隊である。土佐の「出崎官」（長崎に出張る土佐の「参政」）が「機密」を掌握する。

隊長は土佐藩士である。形式上、藩は海援隊の不始末に対して、隊長一人に責任がある、隊長を処断すればそれで責を全うしたことになる。（現にいろは丸沈没事件で、竜馬は責任を取って切腹しなければならない危機に立たされた。）

だが隊員たちは土佐藩士ではない。脱藩者で、藩籍のないもので構成される。土佐脱藩者にかぎらない。つまり隊員たちは、藩に属さず、「暗に」出崎官に属する。隊員には官費（固定給）が支給されるが、営業は「自営自取」である。

持ち船（「風帆船」）は隊長に属する。隊中のことといっさいは隊長の処分に任せる。

隊員はそのほとんどを亀山社中員から引き継いでいる。隊員資格を脱藩者一般としたのは、土佐（一二人）、越前（六人）、越後（二人）、讃岐（一人）、紀伊（一人）の脱藩者から成っていたので、その現状に合わせたものだろうが、海援隊そのものが「藩」（国家）を超えた組織であった。まさに竜馬とその同志にふさわしい、（軍事を専らにする）中岡の陸援隊と異なる性格であったと見るべきだろう。

しかし海援隊の活動は順風満帆とはほど遠かった。一つはいわゆる革命運動とビジネス活動を両立させる困難から生じるものだ。

たとえば、倒幕とはまったく関係のない営業、むしろ丹後田辺藩（親藩）のような佐幕派に利をもたらす商取引に対して、隊員から非難の声が絶えなかった。しかし竜馬の答は決まっている。「戦うものは戦い」「修業（航海術等）するものは修業し」「商法は商法」をやる、である。竜馬は三位一体を目ざしているが、隊員一人ひとりはどれか一つを主にしてもいい、というのだ。

それだけではない。隊員の給料は官費（土佐藩もちで月五両）だが、隊の活動・運営費は原則として自主営業で稼ぎ出さなければならない。隊への支給をつかさどる長崎土佐商会の会計岩崎彌太郎（三菱創業者）の財布の紐は堅かった。隊を大きくし、海軍・倒幕活動を強化したい。そのために多くの有能な隊士を養成しなければならない。自前の蒸気艦も是非とも必要だ。金はいくらあっても足りない。営業活動に励む必要が増える理由でもある。

あるいは隊員は討幕派ばかりではなかった。越前脱藩の小谷耕蔵は佐幕派である。当然のように隊員のなかから小谷を処分し除隊しろという声が上がる。しかし竜馬はイデオロギーに凝り固まった原理主義者ではない。土佐勤皇党の主領であった武市は尊王攘夷の原理主義者だったが、その武市が、意に反して国抜けをして土佐勤皇党から離れていった竜馬の異端を、許容したのだ。竜馬の懐の深さを勘案してである。幕府高官の勝の「弟子」になった竜馬にしてみれば、同じ船に乗った数十人の同志である、海援隊の目的に反しないかぎり、わずか一人の異論を許すことができないというほうが、異常である、ということになる。

だが、竜馬と海援隊の存在自体を揺るがすにたる海難事故が起こった。「いろは丸沈没事件」と称されているものだ。海援隊創立直後の出来事である。薩土盟約や長土盟約に奔命中の出来事である。

本節冒頭に引いたのはこれまで「定説」になってきた衝突原因の描写である。あげていろは丸沈没の原因は明光丸にあるとするものだ。竜馬は公論（「万国公法」）に照らして談判を行ない、この海難事件を公正かつ適切に解決し、紀州藩からしかるべき賠償金をえた。したがって他の海運業者から「この事件は日本の海路定則を決定したものだ」と賞賛された。このように平尾は述べる。

だがこれは海援隊ならびに土佐側の言い分をもとに構成された主張である。この通説に訂正を迫ったのが、山田一郎『海援隊遺文』（二九〇二）である。

一、いろは丸は大洲藩に竜馬が売買斡旋したいわくつきの持ち船で、海援隊がレンタルしたかなり古い船である。

一、衝突状態は、六分四分あるいは明らかに明光丸に有利であった。したがって賠償金を払うのは海援隊（土佐藩）である。

一、竜馬側の勝利は審判によるというよりは、「情報戦」を駆使した政治的な駆け引きによるものであった。

海難審判の専門家による模擬再審の結果は、いろは丸航海士に業務一ヵ月の停止、明光丸の船頭に戒告であった。もし勝海舟が審判長だったら竜馬は負けていた、という専門家のコメントがついている。

一、竜馬側は船代三万五千六〇三両、積荷代四万七千八九六両余、計八万三千五三六両余をえた。積荷代はよほど過分なもので、船積みが不確かな兵器代も含まれていた。（この賠償金は再交渉の結果一万三千両減額された。）

この山田の記述にもとづいて、いろは丸事件を活写したのが、津本陽『龍馬』（角川書店）である。

私には、竜馬が生死を賭けて、ときに進行中であった「四侯会議」、薩土盟約や大政奉還への働きを中止し、後藤象二郎の全面的援助を受けてまで、この海難審判に全力をあげなければならなかった理由から推して、竜馬側がアクロバットに近い術策をつかって「勝利」した、という山田や津本側の意見に手をあげたい。しかし真相はわからない。これは竜馬最大の「謎」だろう。

もちろん、いろは丸沈没事件にかかりきりになったのは、この海難事件で足をすくわれると、年来の尊王倒幕の事業を手放さざるをえなくなる、切腹もあり得る、という竜馬の悲壮な決意の表れでもあるが、この審理の結果は、竜馬の心に棘のように突き刺さった事件であったことは否めない。賠償金は全額支払われたが、船代のほうが大洲藩に支払われたかどうかという点にも疑問が残っている。

結果、竜馬は紀州藩ならびに大洲藩から大きな恨みを買う結果になったということは否定しえない。》

この再録部分は、ただ一つを除いて、現在つけ加えたり削除する必要がないと考えています。

その一つとは、すでに述べたことですが、海援隊の航海術が「未熟」あるいは十分なものではなかった、ということです。海運業あるいは海軍としては致命的な欠陥をかかえていた、といわざるをえません。短期間に、持船ならびに常用船三隻をすべて失っているのです。しかも竜馬はもとより社中ならびに海援隊のビジネス感覚、金銭感覚が尋常ではありません。「三隻」に一銭も払っていません。

2・2・4　岩崎彌太郎、竹島調査

1　四月一九日、竜馬に五〇両贈る

岩崎彌太郎『瓊浦《けいほ》日歴』の四月一九日に、こうあります。(「瓊浦」とは「美しい玉(宝石)のように光り輝く海、港」を意味し、長崎の「地名」、たとえば「瓊浦高校」)。

〈わたしが後藤参政を訪ねたところ、参政は「才谷(坂本竜馬)社中、あわせて一六人分の月給(一人五円)を求められた。今日まさに、(大洲)帆船が出航する。まず金一〇〇円を才谷に与えてくれ」という。森田晋三に命じて持って行かせたところ、才谷から手紙で「一〇〇円は部下への月給に使う。わたし一人の月給はどうしてくれるのか」と尋ねてきた。参政にただすと、「その件は後で、彼自身が来たとき相談しよう。事はすでに決した。金の再投は不用だ云々」という。再び才谷に委細を掛け合ったところ、再度才谷から「このたびの大坂行きは余儀ないことなので、ぜひとも五〇円借用願いたい」と申し込んできた。そこでついに決意して、わたしよりの餞別として五〇円を自分で才谷宅まで持って行って渡した。この金は森田晋三に相談して、公金から借用し

た。才谷は喜悦し、酒を出し、呑みかつ談じ、大いに現在の人物批評を論じあった。黄昏時に辞して、再び参政を訪れ、現在の状況について論じ、仮住まいに戻った。〉（大意）

⑴海援隊の初月給の日です。しかもいろは丸出航の日で、ようやく竜馬に金が届きます。だが竜馬にとって、金はいくらあっても足りません。「100−（5×15）」で、隊長の分は二五両という計算になります。ところが竜馬は「隊長」分を追加請求するのです。もちろん後藤は後で相談する、と応じません。

　この二人（海援隊の管理官と隊長）の「金」のやりとりを直接仲立ちをするのが彌太郎（土佐商会主任）です。大極丸代金の支払いに言を左右にして悪《びた》一文応じようとしない渋ちんの彌太郎が、このときは自腹を切って（といっても出所は公金ですが）竜馬に「五〇両」を、ぽんと餞別代わりに出すのです。これはただごとではありません。

⑵では彌太郎は、海援隊の初仕事、竜馬グループが大坂に積み荷を運ぶビジネスのために、「餞別」として五〇両を贈ったのでしょうか？

　そうではない、とは断言できませんが、それに尽きるというには、五〇両（現在の金銭感覚いうと一五〇〇〜二〇〇〇万円〔?・〕）は大金にすぎます。このやりとりには、もっと重大な「二人」の「密事」があったのでは、と考えたくなるでしょう。ドンピシャリあったのです。

⑶竜馬も計画していた「竹島」調査渡航を、実際に決行した人がいます。この日記からも推察できるように、竜馬と酒を酌み交わしながら談じあった（であろう）岩崎彌太郎です。しかも竹島行は後藤象二郎の命を受けたものです（にちがいありません）。「竹島」開拓は、竜馬－彌太郎－象二郎というトライアングルで理解して、はじめてその概略《アウトライン》に近づくことができるというのがわたしの推察です。

2　四月三〇日、彌太郎渡航決行

彌太郎　四月二九日の日記

〈早起きして昨日伺い済みの商会役人の月給にかんする書類を調べ、高橋勝右衛門に渡す。

彼に（イギリス商人）オールト所有の帆前船を買い受ける条件の月賦について相談したが、仔細を知らない。高橋、山崎、森田がともに買い受け無理などと談じる。不快だ。

そのご後藤氏に相談したところ、（山崎）直之進を竹島へ連れて行けと命じられた。

すぐに直之進を呼び出し、直之進に随行の命があった。

午前、オールト氏を訪ねて、乗船の日時を尋ね、調べてあとで返事をするよう申しつけ、帰る。未時《ひつじどき》(午後二時)岩村八郎が来たので、朝鮮のことを尋ねた。酒を飲み興じた八郎に、酔った勢いで明後日航海するが、あなたにその気があるかとただすと、躍然として同行を願った。八郎去って松井(周助)が来て酒を酌み交わし、後藤氏が来て酒を飲みかつ談じる。夜一二時に松井氏が先に帰る。私は帰路橋の上で転倒する。甚だ危うい。〉(大意)

(1)「竹島行」は、後藤の命(あるいは相談ずくのこと)であったことがここでわかります。

(2)渡航船は、イギリスのW・J・オールト(商会)から買い受ける段取りをしていたのに、土佐商会の役人たちの手抜きで、不調に終わり、結局、借りることになります。といっても後藤＝土佐商会は、オールトはじめ外国商人から船も武器も買いまくり、借りまくっていました。買い受けも借り受けも、同じ結果になったでしょう。(オールトは、明治になって、土佐商会への貸し金一八万両の返済を求めて、返さなければ政府に提訴し、土佐藩山内家の資産を差し押さえる、と迫っています。)

(3)竹島行きの同行者は、山崎を除いて彌太郎に任されていたようです。当時、海援隊も、土佐商会社員も、長崎で遊びかつ呑みまくっていたようですが、彌太郎たちが竹島＝朝鮮行きで盛り上がり、気が大きくなっているさまを窺い知ることができます。彌太郎など、真夜中帰宅中、泥酔のため橋上で転倒しています。「危甚」は「くわばらくわばら」というべきもので、自戒の言葉でしょう。

(4)じつはこの二九日の夜、沈没したいろは丸の乗組員小曽根英四郎（海援隊員）と土居市太郎（船頭）が紀州藩の明光丸に同乗して長崎に戻り、後藤に事故の顚末を報告しています。別に、後藤宅には、衝突した紀州藩船明光丸の関係者が訪れ、詳しく遭難事件の経緯を説明しようとしたところ、後藤は病気を理由に面会を断っています。

二九日夜、はたして後藤は、海難事故が起きて一〇日目に、はじめて事故を聞き知ったのかどうか、これは見解が分かれるところです。なぜ後藤の事件認知の日時が重要なことなのかは、あらためて述べたいと思います。

彌太郎　四月三〇日の日記

〈竹島行き出発日なのに、来客が多く、雑務でいそがしい。精神疲労困憊。（午後）五時頃から酒を呑んでいると、松井氏がやってき、山崎も旅装してやってきた。オールトの船は七時に出帆すると伝えてきたので、土佐商会の建物の下から小舟に、松井、山崎と同乗した。大浦で見送の森田や勇次郎に別れを告げたが、すでに八時だった。船はタカボコ（高鉾島）に碇泊した。〉（大意）

(1)どんなに遅くても、この日の朝、彌太郎は竜馬の海難事故を知っていなければなりません。「来客」のなかには、いろは丸の事故を伝える人も入っていたはずです。しかし日記は、まったくそのことには触れず、たんたんと竹島渡航のための出航情景を簡潔に記しています。

(2)これを見るかぎり、彌太郎の竹島行は、竜馬の竹島行計画とはまったく別個独立に立てられ、決行されたように思えます。

多くの竜馬研究者はこぞって、竜馬の竹島開拓計画は、いろは丸沈没によって、途絶したといいます。まずこの「常識」を疑ってみようではありませんか。私見を先にいえば、

1　竜馬・彌太郎・象二郎の竹島行きにはメインテーマがある。

2　竹島行には、三通りあった。彌太郎が単独で行く。彌太郎＋竜馬が同じ船で行く。

彌太郎、竜馬がそれぞれ別船で行く。わたしは彌太郎の「単独」行と考えます。

3　竜馬は「竹島」開拓問題の重要性を大略知っていました。しかしこの四月の渡航はブラフ（「金策」目的が主）で、渡航は可能ならば実行したいが、岩崎に任してもかまわない、否、もともと竜馬・岩崎の共同プランなのだから、任したほうが経費節減にも都合いいし、長府藩の出資者にも「顔」が立つ、というものでした。

4　この当時、長崎や大阪の海援隊員のあいだで、「竹島」開拓問題が話題にあがったことがあったのでしょうか。こういう疑問さえ生じるほど、竹島行は、長府藩内と土佐商会内の特定の人たちのテーマにすぎなかった、という外観をもっています。

5　彌太郎にしても、渡航単独決行は、待ってました、というほどのチャンスだったと思われます。このことはまたあらためて述べなければなりません。

⑶以上、この日、竜馬が海難事故で船を失い、その処理に時間を取られ、とうてい竹島渡航が不可能になったことを知っても、たんたんと彌太郎が竹島へ向けて出航できた理由だと思われます。

むしろ、単独で竹島に渡航するという心の高ぶりが日記から透けて見えるのではないでしょうか。

3　「徒労」――「成果」は黙して語らず

ところが五月一日から五月五日まで、日記は空白で、渡航・上陸・帰港のあいだの具体的なフィールドワークが、彌太郎の日記にはまったく記されていないのです。

彌太郎　五月六日の日記

〈船は唐津港にはいる。正午を過ぎていた。早速山崎直之進を上陸させ、新成方〔材木町にある雑事取扱所〕に吉田八右衛門を訪ねさせたが、少々風邪気味で出勤していなかった。桜井某を訪うが、近郷に出て戻っていなかった。やむをえず市街に入り投宿する。松井、田中、岩村が浴場に来て、酒を飲みながながと話し込む。松井と田中は船に戻り、私と山崎は酔話多時寝。〉

　五月七日の日記

〈早朝、山崎を直接吉田八右衛門宅を訪ねさせ、石炭のことを相談させた。ようやく明日正午までに五万斤〔二五トン〕だけ船積みの約束をさせ、夕刻船に戻った。しばらくして八右衛門もやって来てしばらく話し込んで帰った。私も上陸し、山崎と酒を直飲し、夜更けに寝た。〉

唐津に寄港したのは、燃料（石炭）補給のためでした。

六日、七日の字面は、出発前の高揚と異なり、「酔話多時」であり「直飲」です。やけ酒であり、寝つかれないのです。

「渡航」については語りたくない。語れば、語るに落ちた話になる。しかも誰のせいでもない。みんな自分が「悪い」のだから、痛飲するほかない。これが彌太郎の偽らざる心境だったというべきでしょう。

彌太郎が長崎に、唐津から陸路戻ったのは、五月一〇日晩で、符丁を併せていたように竜馬も長崎に到着します。

かくして「竹島」開拓、正確には渡航調査は、竜馬や彌太郎には、苦い思い出しか残らない、思い出したくないほどの徒労にすぎなかったように見えます。

この「徒労」のさまを、もっぱら彌太郎の行動として、司馬遼太郎の小説《フィクション》『竜馬がゆく』は思うさまに活写しています。この人、やはりただならぬ勘をしています。

だが竹島開拓問題とは、歴史的にも現実にも、幕末当時、どのような展望をもつ事案だったのでしょうか。これを検証する必要がぜひともあります。

2・3　「竹島」問題とは——二つの「北方」問題

2・3・0　「朝鮮」問題

日本にとって、「竹島」開拓問題とは、思いっきり大きく網を広げて遠くへ投げるとするなら、朝鮮半島ならびに朝鮮半島から先にのびる大陸問題に連なる、古くて新しい問題、日本国家の存亡に関わる問題の一つとして存在し続けてきました。その主な歴史上の事件を列挙しましょう。

(1)**白村江の戦い**　中大兄王が、朝鮮半島の友好国であった百済再興を目して白村江に派遣した大軍が、新羅と隋の連合軍に壊滅的な大敗を喫した。このとき以来、日本は朝鮮半島の「橋頭堡」を完全に失います。結果、日本は孤立を余儀なくされ、「建国」します。

(2)**元寇**　モンゴル「元」が高麗を従えて二度日本を襲撃します。からくも撃退しますが、結果、「建武の中興」が勃発し、国家権力の所在が長期にわたって揺らぎます。

(3)**朝鮮出兵**　天下統一をはたした秀吉が大軍を朝鮮に派兵し、明にまで攻め込もうとしますが、失敗します。結果、徳川政権が生まれます。

(4)**日清朝連携**　幕末、「鎖国」を敷いていた日本は開国を余儀なくされ、清朝は英仏独露米に独立を侵されます。登場したのが、日清朝三国の連携戦略です。その連携の主導権を日本が握り、欧米勢力に対抗すべし、というものでした。この点では、幕府の勝海舟や小栗忠順も、反幕派の頭目長州の木戸孝允も、そして薩摩の西郷や大久保も、土佐の坂本竜馬（岩崎彌太郎・後藤象二郎）も、基本線では同じだったといっていいでしょう。

長州の攘夷派をリードしたのは、吉田松陰の戦略です。「竹島」を開拓（領有）し、日本海の制海権を握り、大陸への橋頭堡とし、仮想敵国（a hypothetical enemy）「英」の軍事進出を防ぐという戦略です。竹島開拓は、長州では対英軍に向けた戦略拠点と位置づけられます。

(5)**日清・日露戦争**　朝鮮半島ならびに満州支配をめぐり、日清、日露両戦争が生じます。

日本はからくも勝利し、朝鮮半島を領有し、大陸に橋頭堡を築き、世界列強の一員になります。

見られるように、好むと好まざるとにかかわらず、歴史的に、朝鮮半島は日本国家存亡の「鍵」、大陸への橋梁であり、橋頭堡でもあったのです。

ただし日清・日露戦争の勝利は、日清朝三国連携が日本側の努力いかんにかかわらず不可能であった結果、日本が「脱亜入欧」（＝文明開化と殖産興業・富国強兵）路線を進んだ結果でした。

2・3・1　吉田松陰の国家戦略――一八五四年

吉田松陰は「兵法（strategy and tactics）家」、まずなによりも国家戦略の専門家です。その松陰が国禁の海外渡航に失敗し、江戸から萩の野山獄に送られ、師佐久間象山の求めに応じて書いた書「幽囚録」に、松陰の国防論とでもいうべき大まかなスケッチがあります。

日本の地政学的特徴を述べたあと、外夷による日本国防の危機的状況を訴え、つぎのように断じています。

〈太陽は昇っているのでなければ西に傾いているのであり、月は満ちているのでなければ欠けつつあるのである。同様に国も隆盛でなければ衰えているのだ。だから、よく国を保持するというのは、ただたんにそのもてるところのものを失わないというのみではなく、その欠けるところを増すことなのである。

いま急いで軍備を固め、軍艦や大砲をほぼ備えたならば、蝦夷の地を開墾して諸大名を封じ、隙に乗じてはカムチャッカ、オホーツクを奪い取り、琉球をも諭して内地の諸侯同様に参勤させ、会同させせなければならない。また、朝鮮をうながして昔同様に貢納させ、北は満州の地を割き取り、南は台湾・ルソンの諸島をわが手に収め、漸次進取の勢いを示すべきである。しかる後に、民を愛し士を養い、辺境の守りを十分固めれば、よく国を保持するといいうるのである。そうでなくて、諸外国競合のなかに坐し、なんらなすところなければ、やがていくばくもなく国は衰亡していくだろう。〉

(1)松陰の兵法は、「攻撃は最善の防御なり。」(Offense is the best defense.) あるいは「先んずれば人を制す。」(史記項羽本紀) が基本です。同時に、「人を制する」ためには、「敵を知り己を知れば百戦殆《あや》うからず。」(孫子・謀攻) を要諦とします。攘夷論を主張する彼の海外渡航も、「敵を知り」「敵を制する」策の実行＝第一段に他ならなかったのです。

⑵日本の地政学的特質から導き出される松陰の攻撃的国防論が、侵略的なのに驚かされるでしょう。でも蝦夷の防備を固め、北がカムチャッカから南は琉球までを領略し、朝鮮、満州、さらに南下して台湾、ルソンに進出し、併呑しなければ、欧米諸国の侵略に抗することができないとみるからです。松陰の攘夷論は積極的国防論で、消極的国防論である「異国船打払」令と同種のものではありません。

　このように概観すると、「竹島」開拓は、蝦夷開拓と同じ重さをもつ、朝鮮・満州領略につながる積極的国防論の一端だということを了解できるのではないでしょうか。

2・3・2　吉田松陰と竹島問題

　竜馬は印藤への手紙で、竹島開拓は「三吉大夫が遠大の策」と書いています。竹島開拓が「遠大な策」というのは、竜馬や三吉家老の「策」をさしていわれているのでしょうか。すでに小美濃清明が解明しているように、長州藩の「策」とよぶべきものなのです。その幕末における発案者は、かの吉田松陰でした。

　松陰と竜馬が、ペリー初来航のおり、江戸で「接点」をもっていたことは、本書冒頭で述べました。その松陰に、一八五八（安政五）年、「竹島」に関する桂小五郎、久坂玄瑞宛の手紙が四通あります。いずれも萩から江戸に宛てたものです。

1　二月一九日　桂小五郎宛

〈……ここに一人の快男児、長府人で興膳昌蔵という人がいます。竹島開墾の策をもっています。この計画を幕府が蝦夷地と同じように許可したならば、往時明末期の鄭成功（明朝再興運動した）の功績と同じになるでしょう。この深意はさておき、幕吏の考えが変化し、国益（興〔公〕利を説くこと）が今日の急務であれば、竹島開墾くらいは難事業でもないでしょう。

これは一勘定所の主張で実現可能と黙算しています。委細は玄瑞が知っておりますので熟慮（運籌）して下さい。天下、なにごとも起きなければ幕府にとっては好都合、ことが起きれば、遠略を謀るわが長州藩としては朝鮮・満州をめざすほかないでしょう。朝鮮・満州をめざすとすれば竹島は第一の前線基地（足溜）です。遠く思い近く謀るのは、今日の一奇策と思いますが、あなたのご意見はいかがですか、お聞かせ下さい。……〉

＊「深謀遠慮を巡らす」（賈誼・過秦論）や「遠慮無ければ近憂あり」（「論語・衛霊公」）ではなく、「深慮近謀」が松陰の特徴でかつ「短慮」なラディカリズムの因でもあります。

2　二月二八日　久坂玄瑞宛

〈……竹島の論は公然と幕府に上書しなければなりません。……〉

3　六月二八日　久坂玄瑞宛

〈……竹島に英国が駐留しているとの情報、とても信じられません。興膳昌蔵、最近も福原〔清助〕にいってきたそうです。北国〔廻〕船が竹島付近を往復していますが、なにごともなく無事のようです。また英国がすでに根拠地としていても問題はありません。やはり開墾を名目として交易をし、外国人の情報を聞くこともいいと思います。英国がすでに根拠地としていれば、なかなか手離さないでしょう。そうであればいつ何時長州へ来襲してくるか予測できません。海外渡航禁止の陋習を破るにはこれにまさる妙策はありません。黒竜・蝦夷は本藩より遥かに遠く、それよりは竹島・朝鮮・北京あたりのことこそ本藩の急務と思われます。

……

（別紙）

……○竹島のことはよくよく桂へご相談下さい。秋良の論は心配しすぎです。（これは我々自らがすることではありません。実行までのことを準備しておけば、あとは何とかなります）。イギリスが始めてくれれば、なおいいでしょう。なにぶん一寸なりと国外へ張り出さなければ、道は開けないでしょう。海軍を仕向けるというのはなおさら愚論です。

海軍で行けばあちらも防衛します。商船で行けばあちらも商いをします。〉

4　七月一一日　桂小五郎宛

〈……竹島の件は、元禄に朝鮮に引き渡したからには、難しい、とこちらでも議論していました。しかし現在、大変革の際であれば朝鮮へ掛け合い、いま空島のままであれば無益ですので、こちら〔日本〕から開墾すると交渉すれば異論はないのではないでしょうか。もしすでに外国の手中にあるのならば、また捨て置くわけにはいきません。外国の前線基地となっていれば、わが長州は危険にさらされています。だがすでに英国の所有となっているのであれば、致し方ありません。開墾を名目として渡海すれば、航海雄略の最初となります。蝦夷地のこと、いろいろと論じてはみますが、幕府のなかにそれほどの雄志はありません。嘆息が出るばかりです。……

〈別紙〉

竹島・大坂島・松島合わせ世にこの三島を竹島といい、周囲二五里にわたって点在しています。竹島だけでは一八里です。三島とも人家はありません。大坂島には大神宮の祠があります。出雲から竹島までは一二〇里ばかりです。海産物は鮑、魚類で、良材が多く、開墾すれば良田美地もできるでしょう。この島を蝦夷地を例として開墾を願い出て許されるならば、航海するのもいいでしょう。〉

この松陰四通の手紙を、まとめて検討しましょう。


⑴「開国」直後（一八五八年）、長州の吉田松陰とその門下生グループには、竹島開墾を幕府に願い出て、開墾を名目として、竹島を藩（ひいては日本）の軍事前線基地にしようという「奇策」＝構想がありました。しかもこの構想は、長州藩（state）にとっては、遙かに遠い蝦夷地開墾よりも、いっそう重要で急務な藩＝国策である、という認識なのです。（なお興膳昌蔵はシーボルトについて学んだ医師で、竹島渡海経験があります。）

⑵松陰の竹島開墾論は、竹島を前線基地とし、その先に朝鮮さらには満州を視野においたものです。日清朝三国（軍事）連携で欧米諸国の侵略を防ごうというもので、この方策で

日本幕藩外交の混乱を一つにし、そのイニシアティブを長州が握るという、一大国防構想です。これは、一人松陰のものではなく、この当時の開国論者に共通のものだったといっていいでしょう。幕府の勝海舟や小栗忠順もその一人でした。

⑶したがって、幕府に竹島開墾を「上書」すべきということになります。

⑷六月二八日の手紙は、松陰がいっそう詳細な竹島情報を得た上で、論を展開していることがわかります。

1　英国が駐留している（という情報がある）。信じられない。

2　英国が根拠地にしていても、開墾を名目に交易することは何ら差し支えない。軍事ではなくビジネス進出を第一とすべきだ。

3　英国が長州にいつ攻めてくるかわからない。しかも、黒竜（満州・沿海州）や蝦夷より、竹島、朝鮮、北京は長州に近く、竹島開墾は緊急の課題なのだ。

4　秋良敦之助は松陰の父たちと親しいが、竹島開墾には消極的だった。竹島開墾論は、長州の革新派、松陰、桂、久坂、それに高杉晋作の共通した意見である。

⑸七月一一日の手紙では、さらに問題意識と認識が深まっています。

1「竹島」帰属に関する元禄日朝間協定がある。日本領ではない。渡航不可協定がある。
2 ただし開国という一大改革時だ。日朝交渉で、無人島の竹島開墾を願い出れば、異論は出ないだろう。（もちろん、鎖国政策を続けている朝鮮からは異論が出ますね。）
3 すでに英国の所有であれば、仕方がない。だが開墾を名目として渡海する手が残されている。「航海雄略」の最初となる。
4 竹島「現況」の基本情報が示される。ただし、不分明のところがある。桂は、竹島が三島からなると記す。周囲は二五里（一〇〇キロ）というのだから、最大の竹島は鬱陵島、松島は「竹嶼《たけしま》」だろう。問題は大坂島だが、そういう呼称の島はない。

（＊島根県の「竹島問題研究所」の詳細な「4．鬱陵島調査報告」〔www.pref.shimane.lg.jp/soumu/web-takeshima/...01/index.../11_d.pdf　163～181頁〕にある、鬱陵島の古大坂浦にある「観音島」のことか？あるいは「架空」の「丁山島」のことか？　なお竹嶼も古大坂浦にあり、鬱陵島の属島で「島」と呼びうるのは、竹嶼、観音島だけです。）

2・3・3　鬱陵島開拓建言書──一八六〇年七月二日

吉田松陰は、竹島開墾を幕府に「上書」すべきだと書いています。

その主張が実行に移されました。一八六〇（万延一）年七月二日、幕閣（老中久世大和守）に提出された「鬱陵島開拓に関する建言書」です。ただし建策者の吉田松陰は前年すでに刑死しています。以下はその草案（全文）です。

〈長門国萩から東北の方角に竹島があります。およそ海上五〇里ほどで、竹島から朝鮮へもまた五〇里ほどなので、日本と朝鮮の中間に位置します。

北国あたりは開港通商の対象とはなりませんでしたが、現在すでに異国船が竹島へ近づいておりますので、植民を企てるかもしれません。

これまで、国法により竹島沖を航海することも禁止でしたが、北国より下関への商船も時に暴風、荒波のため竹島付近に碇泊して天気の回復を待って、出港することもありました。

近来、日本人と称して人家五、六軒も建設されているとの情報もあり、真偽のほどは分かりませんが、そうした風聞もうすうす聞いております。竹島の件は朝鮮へ渡したという説もございますが、島のなかには人跡もなく、朝鮮人も渡海していないと前に書いたとおりでございます。

北国商船は、時々風波のために竹島近辺へ碇泊いたします。朝鮮へ属さない証は万国地図を閲覧しても日本の着色で「タケエイ・ララド」とあり、じつに着色といい、名といい日本の属島であることは明かです。万一、外国が手を下し、植民を企てれば、日本のためはもとより、長州も近海のことですので、容易ならざる次第になります。

莫大な予算も必要と思いますが、竹島開拓の件、奥州諸大名方の蝦夷地開拓と同じ趣旨をもって許可を願います。開拓の件、大膳大夫一手に命じていただければ、家来一同も頑張り、努力いたしますので、お国のため、その目的に適うと思います。

村田蔵六

桂小五郎〉

いくつか検証が必要です。

(1)桂と連署で登場する村田蔵六は、この年、桂の推挙で、幕吏（講武所教授）から長州藩士に転じた「新参者」で、しかも小禄です。一種の「公文書」に、桂とともに連署で名が出るなんて、異様です。ただし村田蔵六はもともとは長府の村医者で、宇和島藩に召し抱えられ、蘭学者として幕府内では名が通っていました。幕府の内情を知るには好便でした（でしょう）。

(2)かなり形式・内容ともに、問題のある建言書です。

形式的には、通常のルートで提出されたものではありません。

1　藩主大膳大夫（毛利敬親）の名があるものの、藩主から建言されていない。

2　江戸留守居役から提出されていない。

3　桂本人が、直接、老中の自宅に持参している。

もうこれだけで、内容を検討するまでもなく、久世老中および幕閣は却下してよかったのです。しかし門前払いは避けました。一月、ポーハタン号で遣米使節団が出発し、三月、大老井伊掃部守が桜田門外で暗殺され、幕政が内外で難問を抱え、一気に「尊皇攘夷」を旗印にした討幕運動に火がついたときにあたります。尊攘派の雄、長州藩とそのリーダー桂に、デリケートに当たるのが妥当であると判断したからでしょう。

(3)内容上もいくつかの疑点があります。

1　松陰と桂は、元禄の日朝協定によって、欝陵島の領有問題に決着がついており、（日本〔鳥取藩町人〕の）欝陵島渡航禁止と「空島」政策を承知していながら、なぜ渡航許可を上申したのだろう。

(a)開国をした。現況の急変で、協定は空無化した、(b)元禄の協定書は江戸城の火災で焼失していて、不許可の根拠を示すことが出来ない、と知っていた（村田蔵六はこの情報を桂に知らせている）、かのいずれかだろう。

2　桂はずいぶん強引なやり方だとは承知していても、かならずしも幕府から渡航「許可」がでる可能性はない、とは踏んでいなかったように思える。

3　竹島は日本（長州萩）と朝鮮（本土）とのあいだのちょうど中間距離にあるというのは、意識的な嘘だ。

4　イギリスが鬱陵島を占領ないしは植民するという危険があるというのは、一種のフレームアップ（でっちあげ）に近い。しかし無根拠ではなかった。たとえば、翌一八六一年、ロシア艦が対馬占拠をくわだてた。手をこまねくだけで、苦慮した幕府は、イギリス艦の出動を「要請」し、露艦を撃退した事件が起きている。対馬は朝鮮の鼻先であり、長州と至近距離だ。桂の「夷船」侵入に対する「危機感」は杞憂の類いではなかった。

5　この「上書」でもっとも注目すべきは、竹島開拓は、蝦夷開拓と同様に、日本の軍事だけでなく、政治・経済にとって国家戦略的な位置を占めるという、松陰・桂の意識だ。

(4)竹島渡航・開拓の願いは、却下されます。理由は「天保七年石見国の八右衛門が竹島へ渡海した節、渡海はお禁制となり、かつ竹島は朝鮮付属の島と決定しております。」というもので、幕府は「元禄」協定を拒否理由にしていません。良きにつけ悪しきにつけ、幕府の「先例」主義を知ることができます。

(5)明治新政府の内部分裂を引き起こした「征韓論」は、いろいろな理由がありますが、そのもっとも大きな理由は、英や露の軍事侵略に対抗するため、日清朝の三国提携が必要だという国家戦略にありました。これは新政府の主力、薩長土肥に共通する国防意識でした。だが清と朝は、開国した日本を「夷」に隷属したものと見下し、提携を黙殺し、逆に英露の侵出を「容認」するような政策を続けます。それが朝鮮「支配」の主導権をめぐる、日清露の激突に発展してゆきます。日清・日露戦争の根因です。

(6)この建言書提出は、桂にとっては、前年刑死した松陰の遺志を継ぐ「宣言」を意味したと思えます。二名の連署は、政略の桂、軍略の村田（大村益次郎）が歴史の表舞台に登場する瞬間でもありました。この紙の「爆弾」は、幕府のみでなく、長州政庁をより大きく震撼させたと思われます。

2・3・4　竹島開拓の本筋――イギリス主敵論

(1)松陰、桂、久坂、それに高杉さらには村田蔵六という長州攘夷派がともに抱いていた竹島開拓とは、「開墾」は名目で、竹島を朝鮮・満州・清進出の前線基地にするというのが主要目的です。

(2)しかし同時に確認しておかなければならないのは、朝鮮、満州・清は日本の「主敵」あるいは「仮想敵国」ではなかったということです。日本の主導下における連携国、あるいは日清朝の三国連合も可能だとみなしていたからです。

蝦夷開拓はさきに見たとおり、「開発」よりも、北方防備を主とした、軍事衝突を前提にした対露戦略の意味をもっていました。ロシアこそ、開港と交易を求めて、軍艦を率いて最初に幕府に接近した脅威です。「仮想敵国」です。

(3)同時に幕末期の「仮想敵国」はロシアだけではありません。いわゆる「砲艦外交」で開国を強いた、英米仏独蘭等欧米先進国（powers）です。とりわけ香港、上海等を占領し、そこを拠点に清国ならびに近隣諸国侵略を着々と企てているイギリスが、松陰がなんども指摘しているように、長州攘夷派にとって最強かつ最大の仮想敵国でした。

(4)竹島にイギリス軍の侵攻を許してはならない。最強国イギリスが、薩摩や幕府と友好関係を保ち、交易や援助を進めるのは、日本侵略、ひいては日清朝三国侵略の足がかりをえるためである、と松陰はみなします。

(5)しかし同時に押さえておかなければならないのは、最強でもっとも危険な国と「友好」関係、とりわけ「軍事」同盟を結ぶことができるかどうか、が軍事弱小国の盛衰を決める重要な外交ポイントであるということです。主敵あるいは仮想敵国と友好関係を築くこと、さらには軍事同盟を締結することと、は少しも矛盾しないのです。

たとえば、薩英戦争（一八六三年）が薩英関係を強化しましたね。日本がもっとも危険視していたイギリスが、軍事同盟の相手になり、日露戦争勝利の根因となります。日米戦争（一八四一〜四五年）の敗戦が、日米同盟を可能にしたようにです。そして、現在でも日本の最強の潜在的敵国は、同盟国アメリカであることにかわりありません。

(6)なんだ、長州も、松陰をはじめとする長州の尊王攘夷派も、近隣諸国を併呑しようとする侵略主義者である、領土拡張論者にちがいない、という批判に対しては、のちに竜馬を含めて検証したいと思います。

以上、竹島開拓問題の大筋を見ることができたと思います。蝦夷開拓とは違った意味で、竹島開拓は日本国防の要諦となりうる問題なのだということを理解できるのではないでしょうか。

この長州の竹島開拓問題の上に、竜馬や岩崎彌太郎の竹島開拓計画を置いてみる必要があります。

3　竜馬、三つの「開国」

3・0　「新国」を開く

もういちど復習しましょう。

⑴竜馬の河田佐久馬宛手紙（六七・二・一四）で、「北」をひらくは、蝦夷開発のことです。しかしこれはよくある「ライフワーク」の類いで、現実には、「泡」（bubble）であり、「詭計」（trick〔英〕、List〔独〕）でした。端的にいえば、過激派の暴発を逸らすための「アドバルーン」であり、のちには海援隊の資金集めのための「名目」になります。

ただしこの手紙の本筋は「北行」で、竹島開発です。この竹島開発プランは、竜馬－岩崎彌太郎－後藤象二郎のトライアングルで考える必要があります。

１　三人の竹島開発のベースになったのは、吉田松陰立案の長州による竹島開拓でしょう。そうそう、竜馬の印藤宛手紙に、竹島の現況を知らせる箇所に「井上聞多」の名が出てきます。桂グループですね。

２　三人の竹島開拓計画は、三者三様です。

①竜馬は長府藩から資金を募り、竹島開拓を海援隊の事業として行なう、と長府藩の有力者に説いています。実行はいろは丸の沈没で不能になったとされますが、「実行」の意志があったのかどうかさえ、真相はわかりません。

②彌太郎は、後藤参政の命で竹島に渡航し「大日本土佐藩の命を奉じて岩崎彌太郎この島を発見する」という標柱を立てたと伝えられるほど、この渡航に熱心にかかわりました。だが結果はまったく当て外れに終わります。それあるか、渡航記録を（意識的に）欠いています。

③参政後藤は、長州藩が竹島開拓を実行しないなら、このどさくさに紛れて岩崎を派遣し、あわよくば朝鮮に前線基地を確保し、土佐商会ひいては土佐藩の声望を高めたいと考えていたと断じていいでしょう。

しかし三者三様、準備不足というか、情報収集不足は否めず、竹島開拓計画はまったくの「画餅」に終わります。無駄足でした。

『岩崎彌太郎傳』（上巻　一九六七）は一節を割いて「鬱陵島探検」を記述しています。

〈土佐商会の下役池道之助の日記によると、出発は慶応三年四月三十日、英国商人ウイリアム・オールトの蒸気船で行き、帰りは朝鮮舟で唐津に着き、彌太郎と松井周助（開成館軍艦局士官）の二人はそこで上陸して陸路長崎に帰つた。往復十日、長崎に帰つたのは五月十日である。唐津からは歩いたのであるから鬱陵島滞在は一日か二日であらう。

……

従つて彌太郎が標柱に「この島を発見す」と書いたのは大袈裟で、右の日記にも「開島渡海のため」とあるから、朝鮮貿易の下調べが目的である。……〉

たしかに鬱陵島渡航の後、彌太郎は朝鮮との貿易をもくろんでいろいろ画策しています。だが鬱陵島開拓は日朝交易を含んでいたとしても、開拓（領有）自体が目的だったのです。それが夢物語にすぎないとわかったので、日朝交易へと方向転換したのであって、「朝鮮貿易の下調べ」のために竹島へ渡海したのではありません。

ここにも「転んでもただでは起きない」彌太郎の性癖が出ていますね。

⑵印藤宛手紙（六七・三・六）に

「新国を開き候《そうろう》ハ積年の思ひ一世の思ひ出ニ候間」とあります。

問題はこの「新国を開く」です。

1　竜馬では、「開拓」は、蝦夷であれ竹島であれ、「交易」を含みますが、蝦夷交易と蝦夷開拓は同義ではありません。開拓は「開墾」と「国防」を不可分の要素とするからです。したがってここでの「新国を開く」は「開拓」とほぼ同義でしょう。

2　しかし「国を開く」とは、ずっと大きな概念でしょう。フロンティア・スピリット＝開拓精神の発動ですね。「新国」を開くも、「国」を開くも、「国境」を超えるということで、意味は同じです。

「国」には大別して、a「藩」とb「幕府」とc「日本」の三種があります。したがって「国を開く」を大ざっぱに仕分けすれば、つぎのようになります。

a「藩」を開く　①脱藩　②建藩・増藩（蝦夷開拓）

b「幕府」を開く　③廃幕（大政奉還）　④廃藩（天皇・民主制）

c「日本」を開く　⑤脱国（世界の海援隊）　⑥新領土（竹島開拓→朝鮮・満州等を併合 or日清朝連合）獲得　⑦「大」東亜の建設

竜馬に即していえば、「国を開く」は①〜⑥のいずれをも含みます。しかし、一八六七年の時点においては、③と④が焦眉の問題で、①は「過去」の、②は③④の「副次」課題で、⑤⑥は日本が独立を保つために不可欠な「大きな展望課題」を意味しました。

3　ちなみに竜馬と「国を開く」事業をともにした人たちやグループの仕分けをしてみましょう。

神戸海軍塾→竜馬社中《グループ》→海援隊　①、③、④、⑤、そして⑥（陸奥宗光）

土佐開国派（後藤象二郎）　②、③、⑥、⑦

勝海舟　(②)、④、⑥、⑦

薩長倒幕派（西郷・桂）　②、③、(④)、⑥、⑦

岩崎彌太郎・五代友厚　③、(④)、(⑤)、⑥

岩崎や五代は、明治期にビジネスで日本を支えますが、海軍ではありません。竜馬は海軍をめざしますがビジネス下手です。竜馬の描く「世界の海援隊」（海軍・商売・学校）が可能になるためには、ほぼ同年代の竜馬・岩崎・五代（それに福沢諭吉）の結合がなくてはならなかったでしょう。

では「国を開く」の内実を竜馬に即してたどってみましょう。

3・1　「藩」を開く

⑴幕末、脱藩（「国抜け」）した人は山ほどいます。武士にかぎりません。

①貧乏や懲罰等の災難から逃れるためのネガティブな脱藩、

②勤皇の志士のように「何ごとか」(something) をなしたいという「志」をもったポジティブな脱藩、

③「どこかにもっといいことがあるのでは」という「なんとはなし」(somehow) の脱藩等、さまざまですが、竜馬の脱藩は一種独特で、「藩」無用論、「廃藩」論につながるものです。

竜馬は、一八六一年、畏友の武市半平太が創立した「一藩勤皇」を旗印にする土佐勤皇党に入ります。ところが武市は、「尊皇攘夷」はもとより「一藩勤皇」にまったく耳を貸さない開明・公武合体派の参政吉田東洋を暗殺し、旧守派と手を組んで政権を握ろうとします。竜馬は、「尊皇攘夷」や「敵の敵は味方」の行動原理に同調できず、しかし武市に公然と反旗を翻すわけにもいかず、次善の策として、脱藩します。それも衆をたのんでの脱藩ではなく、事実上は「単独」行でした。

同時に、竜馬は、まだ漠然としてはいましたが、幕府や藩が支配する幕藩体制や身分制を超えた「なにものか〔サムシング〕」（より重要なもの）を求めて脱藩したといっていいと思います。身分にとらわれない、藩籍をむしろ軽んじる竜馬の体質は、おそらく「生来」（曖昧な表現ですが、とりあえず）のものだったと思われます。

当時の武士や庶民にとって、「藩」（「国」）は「幕府」（公儀）よりずっと身近で強固な超えがたい「壁」であり、観念でした。「藩籍」は現在の「国籍」と同じ強固な壁であるといっていいでしょう。現在の日本人と韓国人のちがいは、当時の土佐人と阿波人のちがいよりも小さい、と感じられるほどだったと思います。

しかも武士にとって「脱藩」はとてつもない行為でした。「国籍」を失うことを意味するだけでなく、「国家」反逆罪を犯すに等しかったのです。それでも多くの人が脱藩しています。「藩」を見かぎったのでしょうか。かならずしもそうではありません。脱藩しても、特別な理由で帰藩不可能あるいは他藩に士官できない人は別として、何ごとかをなすことで、「故国忘れがたし」、帰藩しよう、できれば「故郷に錦を飾ろう」というのが通常ではなかったでしょうか。

対して、竜馬は藩を超える思想と行動を貫いた、といっていいと思います。

ただし六七年、竜馬は土佐藩士に戻り、土佐海援隊を結成します。これは帰藩行動ではないのか、という疑点については、のちに詳しく検討しようと思います。

(2)「藩」を開くには、新領獲得・開墾があり、蝦夷開拓と直接関係します。

蝦夷地開拓事業を、竜馬は生涯の一大事業と語っています。だがその具体的な事業計画をまったく語っていません。

蝦夷開拓を試みようとした最初は田沼政権です。これは1で述べました。

幕府は蝦夷地を直轄にしました。

一度目は、一七九九（寛政一一）年に東蝦夷、一八〇七（文化四）年に西蝦夷です。

二度目は、一八五四年です。その理由はすでに述べました。

二度目の直轄化は北方防備を主目的としたものです。ただし、手薄な幕府に代わって仙台・会津・秋田・庄内・南部・津軽の六藩に「蝦夷地」が分割され、「支配」が委ねられます。諸藩にとって「分領・支配」は大きな費用と人材を要する負担でした。同時に、六藩はなにものにも代えがたい「新領」を「開拓」するチャンスをえたのです。

諸藩もまた、松前藩の「成功」を見るにつけ、蝦夷地に新天地を求め、「開拓」（開墾・交易・北辺防備）を名目に新領あるいは支藩として確保しようとする計画をもっていました。蝦夷開拓のため、使者を派遣し、事前調査を行なおうとした藩もあります。水戸藩（光圀は巨大船快風丸を建造し、石狩川水域まで探検・調査に向かわせ、ようやく三度目の一六八八年に成功させた）が最初といわれます。

一八五七年の土佐藩（山内容堂）の松前探査もその一つです。土佐藩が、薩摩や長州と同じように海軍に力を入れた理由に、新領土拡大の意図が入っていたことは確かです。竜馬・彌太郎・象二郎の竹島開拓計画は、大陸進出を目した開拓＝領有＝ビジネスのとっかかりをえようというものです。

ただし参政後藤や土佐商会主任岩崎の竹島開拓計画はあくまでも土佐藩のものでした。だが竜馬は藩（国）益にとらわれていません。長府の要人に出資を募ったなどはその有力な証拠になるのではないでしょうか。案外、第一次調査は岩崎に任せ、「開拓」は土佐藩の事業であったとしても、長州藩にも竜馬が仲介に立って割り込ませ、竜馬自身のイニシアティブを発揮しようと構えていたのかも知れません。これが独立自尊の竜馬のスタイルで、わたしなどはその巧妙さに感心することしきりです。

(3)蝦夷開拓は、明治政府が開拓使を設立し、国策として進められます。そのリーダーが、かつて薩長同盟のために竜馬とともに汗を流した黒田清隆です。一〇年間で一〇〇〇万円（万両）という巨費を投じた国家事業です。この北海道開拓については、まったく別に論じられる必要があります。

3・2 「幕府」を超える

竜馬は薩長同盟（密約）のために奔命しました。幕府を超えるためで、倒幕が目的でした。これも「新国を開く」の一つです。

倒幕というと、即、徳川将軍家の廃絶と考えがちですが、そうではありません。竜馬の二大政治成果、薩長同盟と大政奉還（廃幕）は、ひと繋がりのものです。その先に廃藩がなければならないものでした。

⑴竜馬は多事多難の六七年、「大政奉還」を献策します。薩長土肥の倒幕派に大きなショックを与えた政治戦略でした。しかし経緯はどうであれ、竜馬の大政奉還論は「正論」でした。理由を列挙しましょう。

1　竜馬の大政奉還論は、倒幕派には、幕府の「延命策」とみなされました。なによりも最有力な徳川家が生き残ることになるからです。

2　大政奉還で「幕府」はなくなります。倒幕です。だが幕藩体制はなくなりますが、藩は存続します。徳川家は薩摩（島津）や長州（毛利）と同じように、有力な藩の一つになるということです。

3　これは、幕府だけでなく、徳川家自体を廃絶し、日本合衆国（USJ　United States of Japan）の政権を担おうとする薩長には許しがたい裏切りです。

4　だが竜馬は薩長同盟の仲人です。表面的には、大政奉還を黙認せざるをえません。ここで倒幕派の薩長土肥が内部分裂したら、佐幕派に乗ぜられるだけだというのが、西郷や桂、それに板垣（土佐）たちの判断です。

5　しかし黙認は同意ではありません。大政奉還を奉じたその日に、徳川家の存続自体を認めないという密勅をえて、急進派は「王政復古」と容幕派討伐に向かいます。

⑵倒幕には、幕府廃止（大政奉還）だけでなく、幕藩体制の廃止も含まれています。すなわち「藩」の廃止です。「藩」とは「国家」です。「藩籍」が「国籍」（nationality）なのです。江戸期、「幕籍」はもとより、「日本国籍」などというものはなかったのです。

竜馬は佐久間象山や勝海舟、さらには横井小楠に学びました。しかし「開明派」の彼らの誰も、幕藩体制の廃止を求めてはいません。「幕府」の廃止を海舟は考えていましたが、「徳川家」の存続のためになんども命を賭しています。

竜馬は「幕府」の廃止を求めました。その政綱が大政奉還（船中八策）です。しかし大政奉還策は廃藩論を含みません。徳川家存続を目したからでしょうか。まったくそんなことはありません。諸外国の干渉・介入を避けるために、「一大内乱」の勃発・長期化を回避するためでした。

「廃藩」こそ竜馬独自の政綱《ポリシィ》です。藩閥政治からもっとも遠くに身を置こうとしたのです。その「藩」が形式的になくなったのは、一八七二年「廃藩置県」によってで、薩長土肥のリーダーたちが断行します。明治政府から自立した最後の「藩」が実体的に消失したのは、一八七七年の西南戦争の終結によってです。でも「日本国籍」が国民の共通感情になるまでは、日清・日露の両戦争を経る必要がありました。まだまだ先のことで、そこまで竜馬の政治眼は届いていた、というべきでしょう。

ちなみに福沢諭吉は、明治新政府の誕生を幕府に代わって薩長閥が権力の座についたにすぎず、征韓論、西南戦争、一四年の政変等々の権力闘争も、結局は、薩長閥の支配を確立したにすぎないとみなしています。諭吉の見解が変わるのは憲法発布と国会開設です。

⑶蝦夷開拓は、薩摩の黒田清隆によって国策として進められました。一〇年で一〇〇〇万円（一千万両）という巨額の国費を投じた事業です。それでも「基盤」づくりにすぎな

かったのです。一八七四年、政府は開拓使官有物を払い下げ、民活をはかろうとしますが、不当価格で不正払い下げを追及され、払い下げを撤回し、結果、北海道は「官主導」の政治経済文化圏のまま、長いあいだ経済的自立を果たせぬまま今日に至っています。(ただし払い下げで追及されたのは、黒田の他に、五代友厚、福沢諭吉、岩崎彌太郎がいました。竜馬が生きていれば、「同志」となれた人脈ではないでしょうか。)

3・3 「日本」を超える

竜馬の「新国を開く」は、日本を「開く」、つまりは「国境」を越えて行くという意味を含んでいます。

竜馬の「日本を開く」には、三つの要素を含んでいます。⑤脱国(世界の海援隊)であり、⑥新領土獲得(竹島開拓→朝鮮・満州等を併合、あるいは日清朝連合)であり、⑦大東亜圏の構想を予想させるものさえ含まれていると見たほうがいいでしょう。

一八六七年、大政奉還後の竜馬は、蝦夷開拓ではなく、むしろ⑤～⑦の三つを生涯の事業として描いていたといっていいのではないでしょうか。

3・3・1 「世界の海援隊」

勝海舟は、ライバルの小栗忠順と同じように、日本海軍（「一大海局」）創建を実現しようとしました。神戸海軍操練所はその願いの一歩でした。水泡に帰しますが、竜馬グループという「種子」を残すことができました。対して小栗忠順は横須賀製鉄所・造船所建設（のちの横須賀海軍工廠）を建設します。日本海軍の起点となります。

ただし海舟も忠順もともに幕臣で、日本（「幕府」中心）による文明開化・富国強兵の一環という位置づけです。

竜馬は、日本海軍という構想を海舟と共有しますが、「日本＝幕府」という考えにとらわれてはいません。来たるべき「一大海局」は、むしろ「日本」という枠をも超えるものでした。それが「世界の海援隊」です。

六七年に創建された「海援隊」は土佐に属します。しかし土佐藩士は竜馬（隊長）一人で、あとはフリーランス（自由契約）で、土佐藩士ではなく、隊長竜馬の支配に属します。また竜馬と土佐藩の関係は、竜馬と参政後藤象二郎（管理官）の一対一（ツーカー）の関係です。

竜馬は「世界の海援隊」でどんなことを考えていたのでしょう。

(1)「海援隊」です。海軍・商社・学校の三位一体です。海舟の私塾・神戸海軍塾を起点とし、薩摩をパトロンとするいわゆる「亀山社中」を初期形態とした、総合商社の実現をめざします。ところが薩長同盟（密約）が成ってから、むしろ竜馬たちを苦難が襲います。

すでに拙著『坂本竜馬の野望』で述べましたが、亀山社中が独自にやるべき事業はなくなります。しかも社中は、近藤長次郎、池内蔵太、黒木小太郎等の貴重な人材を失い、唯一の持ち船ワイルウェフ号を失い、パトロンの薩長藩も離れてゆくという、満身創痍の状態に陥ります。細々と営んでいたのは、社中メンバーの貸し出し《レンタル》です。いわゆる派遣で糊口を凌ぐ他なかったのです。

この頃（一八六六～六七）、竜馬の活動の中心は、長崎ではなく下関でした。グループもおのずと長州を頼るほかなくなります。独自ビジネスは困難でした。なによりもこの浪人集団に、ビジネスに必要な資金が、とりわけ「信用」がなかったのです。

そんな折、薩長のなかに割り込んで「政局」のキャスティングボートを握ろうとした藩（国）があります。土佐藩で、独裁者山内容堂の意を受けた参政後藤象二郎が竜馬に急接近し、ここに竜馬の「海援隊」が生まれます。はじめて竜馬グループのビジネスに舵（方向）とエンジン（自走力）と燃料（資金）が備わりました。

⑵竜馬の「海援隊」は土佐藩に属しましたが、原則として、独立自営です。どこにも指揮・支配されない、が「願望」でした。それに「艦船」が持ち場＝生活空間です。どこにでも移動可能な一種の「独立国」ですね。「船こそわが国家なり」です。竜馬が「持船」にこだわり、海援隊にこだわった理由です。

⑶竜馬がめざす「世界」の海援隊には、大別して、二種ありえます。

一種は「日本」国籍の海援隊ですが、世界中を相手にするもので、戦争・交易・教育を目的とする、世界《グローバル》を股にかける海軍と商社と学校を兼ね備えた、まさに海のエンタープライズ艦隊です。

しかし大航海時代ならいざ知らず、近代世界です。民族国家の時代です。たとえば「倭寇」のように国籍を離れて独立自営で生きて行くことは可能でしょうか。もし可能だとしても、竜馬の世界の海援隊は、通常は交易し、時に主として傭兵隊になるという形になるでしょう。ま、こんなところまで竜馬は夢想していたがどうか、想像の内にすぎませんが。「世界の海援隊」のいちばん可能な形は、やはり大航海時代の「海賊」（pirate）と同種のものでしょう。でも近代です。砲艦外交の時代です。「海賊」と交易・学校は共存困難だったでしょうし、竜馬がそんなものをめざしたとも思えません。

竜馬が言葉にした「世界の海援隊」とは、日本国籍の、商社かつ学校機能をもつ、可能なかぎり日本海軍から「フリー」な独立機動艦隊ということになるでしょう。ま、こんなものは人間の頭の中で可能なものにすぎないでしょうが。

二種は、セキュリティ機能とスクール機能を兼ね備えた、海商（trading company）というところでしょうか。「高田屋」（嘉兵衛）が世界を股にかけて交易するようなものですが、やはりどう見たって日本国籍で、しかも御用商人という性格を免れることはできません。存続できるには、セキュリティやスクールの大本を保障する国家の存在が必須です。

といっても、日本が、とりわけ日本海軍が「世界の海援隊」のような存在を許すはずもありません。竜馬の夢は、「海賊」としてしか実現しないものだったといえます。

3・3・2 「竹島開拓」

蝦夷地開拓は、幕末、自国を開拓することを意味しました。「藩」を超えますが、「日本」を超える事業ではありません。この点、どう見ても「蝦夷地開拓」は竜馬生涯の事業としては小さいように思えます。

それに「寒がりや」の竜馬が蝦夷地に足を踏み入れて開拓するなぞは、わたしには想像できません。ただし蝦夷地開拓を「開墾」や「交易」にかぎる必要はありません。対ロシア防備の立案・準備・実行という重要な任務があるのですから、この方面で竜馬が貢献することは十分できたはずです。でもはたして竜馬は海軍という特殊に稠密な組織軍団に身の丈をあわすことができたでしょうか。おぼつかない、というのがわたしの判断です。

⑴竹島開拓は、周囲わずか一〇里の小島で、下関から往復三日の距離です。そんなものが「開拓」の名に値するのか、ピクニックじゃあるまいし、というのが竜馬ファンの心情であるかもしれません。

事実、竜馬や彌太郎は、竹島を文字どおりの無人島とみなし、ピクニックさながらに渡航し、調査（できれば領有）することができると考えていたようです。渡航を実行した彌太郎が、人が住んでいることにびっくりし、取るものも取りあえず引き返してきたのです。しかも帰りの朝鮮舟がエンジンの故障で、唐津にやっと着き、その後は陸路を二日費やしてようやく長崎に帰ってきたのです。竹島行きは「徒労」でした。口にするも悔しい出来事です。したがって、彌太郎の口はおろか、竜馬の口からも、事後には語られることはありません。「そんなこと、あったっけ」というような心情ではなかったでしょうか。

⑵すでに述べたとおり、幕末、吉田松陰が発案し、桂と村田蔵六が連署して幕府（老中）に提出された竹島（鬱陵島）開拓建言書に連なる長州革命派の竹島開拓問題の本筋は、竹島を占領し、朝鮮・満州ひいては北京（清国）侵出ならびに進出の橋頭堡とすることにありました。軍事と交易の根拠地にです。それを担うのが長州で、竹島は倒幕の拠点ともなりうるという心積もりもありました。

ではこの清・満・朝への海外侵出の目的はなにでしょう。よくいわれるように、日本が朝鮮、清を占領、支配することでしょうか。まさか、どんなに長州革命派が夢想家集団の塊であったとしても、倒幕さえ実現可能かどうかわからない段階で、清朝征服など夢想だに値しません。

松陰や桂が考えたのは、日清朝三国の連携（日本のイニシアチブ）です。そのためには清朝政治の方向転換が必要で、決め手は欧米パワーに対抗しうる連携力を作り出すことです。この合力によって、砲艦外交を敷く欧米諸国の日本、清国、朝鮮を含む東亜侵略を阻止することです。

すでに清国は列強によって各所で侵食されています。その列強のなかでもっとも危険なのは、イギリスで、すでに竹島を占拠しているという情報もあります。イギリスの侵出を抑えるためにも竹島開拓は急務です。

これが長州革命派の竹島開拓の基本デザインではないでしょうか。

おそらく竜馬も彌太郎も、この長州革命派の竹島開拓プランを聞き知って、下敷きにしたにちがいありません。

「長州の桂たちが幕府の開拓不許可を気にして実行しないなら、われら土佐トリオが、代役を務めようじゃないか。竹島が朝鮮領だからといって、無人島だ、気にすることはない。『実効』支配すればいいじゃないか。」

という大胆といえばそうですが、大ざっぱなプランであり、その渡航・調査の実行でした。渡航実行役を引き受けた彌太郎は、「大日本土藩の命を奉じて岩崎彌太郎はこの島を発見する」という標識を立てたとか、そうではなかったとかいわれる理由です。

しかし、彌太郎が「標識」をもって渡航した、とわたしには思われます。それくらい上気して当然の「壮挙」と思われていたのでなければ、実行できなかった事業でしょう。しかし「夢想」であり、計画が「杜撰」であり、実行結果が「無惨」でした。

だが逆から見れば、竜馬も、彌太郎も、こういう杜撰なプランに手を掛けてはならない、という自戒にはなったでしょう。

3・3・3　朝鮮・満州「侵出」

「新国を開く」には、国境を越えて新領地を獲得することを含みます。それには、吉田松陰の竹島開拓案にあるように、朝鮮・満州等への侵出プランがあります。「侵出」とし、「進出」としない理由があります。

(1)朝鮮も清も、「鎖国」政策をとっており、その扉を開くためには、「説諭」ではまったく不十分で、「軍事力」をともなわなければ不可だったからです。朝鮮や清に対する「連携」や「開国」「文明開化」の要求は、明治政府の「征韓論」や「征台論」に引きつがれてゆきます。

しかし朝鮮や清は日本との連携を「峻拒」し、鎖国政策をとり、欧米帝国主義の侵略を許します。そうなれば、日本政府（幕府・明治政府）は、自力で富国強兵の道を取ることを決意せざるをえません。その結果が「脱亜論」です。

《わが国は隣国の開明を待ってともにアジアを興す猶予を与えられていない。むしろその隊伍を脱して西洋の文明国と進退をともにし、支那朝鮮に接する法も隣国だからという理由で特別の挨拶をする必要はない。まさに西洋人が彼らに接するやり方で処分すべきのみだ。悪友を親しむ者はともに悪名を免かれられない。わたしは心において亜細亜東方の悪友を謝絶するものなり。》（「脱亜論」一八八五）

これは一八八五年に書かれた、福沢諭吉の論説です。諭吉は、竜馬・彌太郎と同年輩です。開国・富国強兵を進め、清や朝鮮と連携して欧米諸国の侵略に対抗しようと論陣を張りました。また朝鮮を清から独立・開国させ、明治維新をモデルに朝鮮の文明開化を推し進めようとする金玉均たちを支援してきました。しかし空しい努力に終わります。

清朝二国は聞く耳をもちません。英仏独露の侵略を阻止できない清が、朝鮮を属国扱いし、しかも朝鮮はロシアの侵蝕になすすべがないのです。もっと悪いのは、清や露の力を引き入れ、政治の実権を握ろうとする策動、内乱が絶えなかったのです。

諭吉は、明治維新から一八年、もはや助言や提携の機は去った、と断じ、日本は独自に西洋先進国と同じ道を歩むと宣言したのです。

これを、近隣友好国を切り捨てた、日本が西洋列強と同種の帝国主義に転じることを許容する、侵略主義者《ショウービニズム》の言葉だ、と批判する人がいます。日清朝関係の歴史経緯と論の中身を無視した、まったく的外れな非難です。日清・日露両戦争は、まさに朝鮮半島の政治経済支配をめぐって起こった、自衛（national security）の戦争でした。

⑵朝鮮半島は、歴史的経緯から推しても、その独立いかんが日本あるいはチャイナの安全保障を侵しかねない「生命線」でした。「白村江の戦い」「元寇」「朝鮮の役」がまさに朝鮮半島を挟んだチャイナ（＋朝鮮）と日本の抗争でした。

だがたとえ朝鮮侵出はわかるとしても、満州侵出は許しがたい侵略行為だ、という意見はあるでしょう。しかし当時、「満州」侵出には歴とした理由があるのです。

清国は西欧列強の草刈り場になっていました。そのなかで忘れてならないのは、ロシアの存在です。ロシアと清の国境線紛争は一七世紀にはじまる、長い歴史をもっています。

人はアヘン戦争（一八四〇〜四二）等をはさむ英仏の清侵略を取り上げますが、香港や上海の租借《リース》なのです。ところがロシアは、一八五八年（アイグン条約）アムール北岸を、一八六〇年（北京条約）ウスリー川東側の沿海州を略奪します。割譲（cession）ですね。幕末時、ロシアの侵出は日本に、満州に、さらには朝鮮に及びます。ロシアの満州支配は指呼の間だったのです。幕末の満州問題は日本の安全保障を脅かす、蝦夷防備問題と同じような、国家指導者にとっては避けて通れない重要かつ喫緊な戦略課題だったのです。

(3)松陰の久坂玄瑞宛ての手紙（一八五八・六・二八）に、〈黒竜・蝦夷は本藩より遙かに遠く、それよりは竹島・朝鮮・北京あたりのことこそ本藩の急務と思われます。〉とあります。

松陰は、桂をはじめとする長州の革命派は、「北京」侵出まで念頭においているのか、それじゃあ、秀吉の朝鮮・明侵略と同種ではないかと思われるでしょう。

なんども述べたとおり、「竹島開拓」問題には朝鮮・満州問題が連結しています。清は、朝鮮の宗主国として振る舞いながら、朝鮮の政変・分裂をコントロールできません。ロシアの満州侵出を唯々諾々と許し、ロシアの朝鮮侵出に歯止めを掛けることもできないのです。

朝鮮・満州問題は、チャイナ清政府、すなわち北京の問題である、と松陰はとらえているのですね。こういうリアルな兵学者、軍事研究家としての松陰をもっと評価してもいいのではないでしょうか。

3・3・4　大東亜構想

主題とそれますが、日中戦争から日米開戦にかけて、福沢諭吉の「脱亜論」が注目されたことがあります。諭吉の「脱亜論」は大東亜共栄圏構想につながる、という諭吉肯定論です。これが一九四五年の敗戦によって反転し、諭吉の「脱亜論」はアジアの同胞を犠牲にし、苛烈な戦渦に巻き込んだ元凶の一つとされます。

すでに示した、松陰の「幽囚論」にある東アジア共栄圏構想とでもいうべき国家戦略は、「脱亜」に繋がり、日清・日露戦争を肯定し、侵略主義に拍手を送る「先駆」とみなす評価があります。

竹島開拓プランをもった竜馬も、松陰や桂の侵略主義を共有するという論者が稀にですがいます。その論は、竜馬ブームとも結びついています。


⑴明治維新後忘れ去られたに等しかった竜馬ですが、日露戦争の時に国民の前にその名が登場しました。

一九〇四年二月一〇日、日本がロシアに宣戦布告します。その直前の二月六日に昭憲皇太后の夢枕に竜馬が立って、日本海軍の勝利を約束したという記事が新聞に載りました。これがきっかけとなり、そして日露戦争の勝利となって、竜馬は一躍「日本海軍の父」、日本の独立を護った英雄と謳われます。この竜馬イメージは、皇国史観の化粧で装われ、のちのちの敗戦時まで続きます。

⑵竜馬第二のブームは、大正末から昭和初期にかけて起こった、竜馬こそ開明的民主主義

の先駆者であった、というものです。この一見すれば矛盾する、「軍神」（Mars）と「民主主義者」（democrat）というダブルイメージこそが、竜馬像の主流をつくってきました。そこから機会主義者《オポチュニスト》竜馬という主張も現れます。

⑶戦後、第三次竜馬ブームをつくった司馬遼太郎『竜馬がゆく』は、竜馬を民主主義者で海軍バカで平和主義者に仕立て上げてゆきます。『坂の上の雲』の主人公たちにつながる竜馬像です。司馬は、巧妙な書き方で、竜馬を天皇を戴く民主主義、軽武装の平和主義、ビジネス国家論の「源流」に仕立て直します。

とはいえ、竜馬は、列強の侵蝕に耐える日本、内に統一をはかり、近隣と連携し、しかも開国を基本政策にすえ、どのように文明開化と富国強兵をはかるかというぎりぎりの路線を歩んでいたのです。そのなかで「いま」なにができるかを基本に、短期、中期、長期戦略を組み上げなければならなかったのです。

松陰の大東亜構想は、間違いなく長期の戦略です。竜馬の「国を開く」という志向のなかには、東亜連合は存在したし、少なくとも存在しえたと思います。ただしその具体像を何ら描くことなく竜馬は消えてしまいます。

「竹島開拓」問題を意識的にここまで引っ張ってきたのではありません。竹島開拓問題を精査していると、おのずとここまでたどり着いたのです。

あらためていいましょう。

竜馬の「蝦夷開拓」はアドバルーンであり、トリックです。世の常の「ライフワーク」と同種の、準備もプランもない「空疎」な内容であったことが、なによりもよく真相を語っています。

対して「竹島開拓」は、竜馬が渡航調査を実行するしないにかかわらず、構想があり、計画があり、資金と渡航人員の裏付けがあり、実行がありました。さらにその構想の「先例」＝「下敷き」もありました。

ただし、実行はまったくの当て外れに終わりました。功を焦っての杜撰な計画、安直な実施であった結果ともいえます。最も重大なのは、失敗の反省も検証もないまま投げ捨てられたことです。これがいちばんの誤りではないでしょうか。失敗や自省にこだわらないというのは竜馬のある種の長所でもあるとは思いますが。

4　竜馬血族の北海道「開拓」

4・0　「北の竜馬たち」

「竜馬の生涯の夢は北海道開拓にある」説にインパクトを与えているのは、竜馬の血族が「大挙」して蝦夷や北海道に渡り、各地で開拓や布教活動等に奔命し、現在にいたるまで坂本家血脈の人々が数代にわたって北海道に在住してきたという、動かしがたい歴史事実の存在でしょう。

蝦夷地を踏んだ主な坂本竜馬関係人の名をあげるだけでも、つぎのようになります。壮観ではないでしょうか。

1　日本でロシア正教の最初の信徒で第一号司祭になった沢辺琢磨（山本数馬、竜馬の

父が数馬の祖父の弟）
2　新政府箱館府の権判事になった坂本直（高松太郎・小野淳輔、竜馬の姉千鶴の子で、若くから竜馬とともに活動した海援隊員で、創建された坂本竜馬家二代目）
3　一家を挙げて北海道に移住し、信仰に生きた坂本直寛（竜馬の兄権平の養子になった坂本直の弟・南海男で、坂本家を継ぐ）
4　坂本家を北海道に根づかせた実業家の坂本彌太郎（直寛の婿養子）
5　満鉄・日仏友好で活躍した坂本直道（直寛の長男で、竜馬家四代目）
6　開墾農家に加わり山岳画家として活躍した坂本直行（彌太郎の二男）
これらの人たちの素描なりを、竜馬の「蝦夷開拓の夢」につなげて、述べてみましょう。

4・1　沢辺琢磨（一八三四～一九一三）

4・1・1　江戸を出奔、箱館にたどり着く

竜馬の血族で最初に蝦夷地への入り口、開国・開港したばかりの箱館の地を踏んだのが

山本数馬です。のちの日本ハリストス正教会第一号信者で最初の司教になった沢辺琢磨で、一八五七年末、二四歳のときです。このとき、歳がほとんど違わない竜馬が二度目の江戸遊学の途中のことです。

山本数馬の父は白札の山本代七です。代七の父新四郎の弟が、常八郎（郷士・坂本家の養子、直足・七平）で竜馬の父ですから、竜馬は数馬の叔父に当たります。また代七の妻佐尾子（数馬の母）は、武市半平太の妻富子の父島村佑四郎の長女で、数馬は富子の従弟《いとこ》です。これだけを聞けば、竜馬、数馬、富子、半平太はかなり遠い血縁関係のように思えますが、一九六〇年以前には「ムラ社会」が厳然として存在したことを体験したわたしにとっては、存外近い血縁といっていいでしょう。年中行事には必ず集りあっていた関係です。

数馬が江戸に出たのが五五年のことで、当時、江戸三大道場の一つに数えられていた鏡新明智流・桃井《もものい》道場で腕を磨きます。翌年、武市半平太（一八二九〜六五）と竜馬は前後して江戸に来ます。三人とも剣術修行もしていて、年かさの武市は桃井道場の塾頭になったほどの腕で、二人の指導かつ監視役でもありました。数馬も桃井で「烏天狗」の異名を取った、剣術使いで身を立てることができるほどの腕前で、竜馬と互角の勝負であったといわれます。

五六年八月、数馬は友人と拾得物を猫ばばし、質屋に入れて飲み食いしたことが藩に露見し、町奉行所がらみの事件になります。数馬の身柄を藩目付から預けられたのが四角四面の武市です。ことによったら切腹ものに発展しかねません。思いあまって（というか、数馬の剣の師匠でもある武市との相談ずくで）、竜馬は数馬を江戸から蓄電させます。数馬はこのとき脱藩者で、国事犯になったのです。

のちに竜馬も脱藩しますが、数馬は奥羽各地、上州沼田を皮切りに、宇都宮、白河、仙台、会津若松、米沢、庄内等を転々とします。剣の腕一本を頼りの流浪でしたが、天衣無縫といっていいのか、屈託が見られません。最後に新潟で一人の若者（のちの前島密）にであい、箱館行きを勧められ、同じ船に乗って、五七年末箱館に着きます。しかし数奇な運命はこれから本格化します。

4・1・2　数馬から琢磨へ——宮司からクリスチャンへ

数馬が箱館で投宿したのが船宿丸仙でした。ある夜そこに盗賊三人が押し入ります。これをたちまちたたき伏せた数馬（の腕前）は一躍評判になります。丸仙の主人は数馬に惚れ込み、道場をもたせたのです。この剣術師範に惚れ込んだもう一人の男がいました。神明社宮司の澤辺悌之助で、跡継ぎがいなかったのです。一八六〇年、数馬は神明社の娘婿に入ることになります。数馬二六歳の時でした。一年余、宮司が亡くなり、後を継ぎます。（数馬は白札山本家の跡継ぎでした。ただ弟山治がおり、この婚姻は数馬がすでに帰藩をあきらめていたことを意味します。)

一八五八年、日露修好条約が結ばれ、開港市箱館にはロシア領事館が設けられます。絶景の場所です。数馬の「先生」は剣も学問も武市です。いっぱしの尊皇攘夷派で、しかも宮司の跡継ぎです。数馬がリーダーになり領事館焼き討ちを謀って、密議をこらしたのが奉行所にばれ、六一年、獄舎につながれます。本来なら重罪で、仲間に獄死したものもでますが、幸い数馬のほうは宮司ということで、数日で釈放されます。だが数馬の腹の虫がおさまりません。

ところが「瓢箪から駒」というのでしょうか、目の敵にしていたロシア領事館から、館員の子弟に剣術を教えてほしいという依頼がありました。断ると思いきや、数馬は承諾し、領事館に通うようになります。領事館で剣術を教えることが、本当の意味で数馬の人生の岐路の「入り口」となります。契機は二つありました。

一つは、上州安中藩の新島七五三太《しめた》(一八四三～九〇　のちの同志社大学を創立した新島襄)との出会いです。六四年五月のことです。新島はロシア領事官付の司祭ニコライに日本語を教える青年でしたが、本来は、アメリカへ密航を企てる不敵な青年でした。

二つは、その司祭ニコライ(一八三六～一九一二)です。宮司で攘夷派の澤辺琢磨が、ニコライに近づいたのです。

ニコライと新島は、クリスチャンで開明派ですから、宮司（尊皇）で攘夷派の琢磨とは、信条ではまったく正反対です。ところが琢磨は国禁を犯す新島の海外渡航の手引きし、神道とは正反対のロシア正教《オーソドクス》の信徒になってゆくのです。

幕府も新政府も、開国したとはいえ、キリスト教禁令を墨守し、禁令廃止を各大使館に通告し、禁制を示す高札を撤去したのは、一八七三年二月になってのことです。だから、琢磨が洗礼を受け（一八六八年四月）て、日本人信徒第一号になったことは、国禁を犯しながら布教活動をするという、二重の苦難を選ぶことだったのです。

琢磨は、洗礼後も宮司をしばらく務めるというダブルスタンダードな生き方を余儀なくされます。宮司をやめ洗礼を受けたことが明らかになります。澤辺一家に迫害と破壊を招きます。

琢磨は、一八七一年、足かけ一七年ぶりに土佐に一時帰国します。母はまだ健在で、家督は弟が旧姓桑津にあらためて継いでいました。一安心です。しかし想いは正教の現在と未来にありました。一八七六年日本で最初の司祭に選ばれ、各地で布教活動を続け、最後は長司祭で人生をまっとうします。（息子の悌太郎は、正教会の神学校に入り、司祭となり、信仰を貫きました。）

4・1・3　「国を開く」のパイオニア

竜馬は「国を開く」（家族、藩、幕府、国家を超える）事業に邁進するパイオニア（開拓者）でした。琢磨もまた信仰で「国を開く」、的確には「国を超える」事業に突き進んだパイオニアです。

二人は、事業に違いはあれ、数奇な出会いと「困難」という点では甲乙つけがたい道を歩んだといっていいのではないでしょうか。

なによりも特記したいのは、琢磨が開国開港直後の箱館に足を踏み入れ、宮司になり、反転して、ロシア正教の信徒、司祭になって、国禁の布教活動に邁進したことです。琢磨の活動を後押ししたのは、当時の箱館という「国を開く」最先端に位置する「文明開化」の地でした。そんな箱館なればこそ、一介の剣術使いで放浪者が宮司になり、尊皇攘夷の宮司が非皇開国のロシア正教の司祭になる等という事が起こる、等と断じることはできません。しかし、長崎ではなく箱館こそ、田沼政権の蝦夷開拓計画、海商高田屋嘉兵衛の蝦夷開拓、そして、近藤重蔵、青山俊蔵、最上徳内、伊能忠敬、間宮林蔵、松浦武四郎、岡本監輔等々と続く蝦夷探検・開拓者の血流の入り口であり出口でした。琢磨もまたその血流のなかを生きた一人でした。

あまり注目されていませんが、山本数馬＝澤辺琢磨こそ、「坂本竜馬」の蝦夷開拓計画なるものとはまったく無関係に、「蝦夷開拓」を実践した最初の坂本血族であったのです。ここに特記しておきたいと思います。

4・2　坂本直（一八四二〜一八九八）

4・2・1　坂本竜馬家の家督を継ぐが、……

一八七一年、明治政府は、「不慮の賊害」に遭った坂本竜馬と中岡慎太郎を不憫とし、小野淳輔と中岡代三郎に「永世十五人口〔扶持〕」を下賜《かし》し、「家名」を建て「家督」を継ぐことを命じます。竜馬暗殺ののち、空白になっていた海援隊隊長を六八年四月に継いだ長岡謙吉（ただし翌閏四月二七日海援隊解散）等、竜馬や慎太郎の関係者が新政府へ働いた結果でした。

一見すれば、坂本直はまだ三〇歳になったばかりです。だが、長いあいだ竜馬と行動を共にしてきた海援隊の最古参で、しかも竜馬の最も近しい血族（甥）でした。竜馬の名を残す最適の「人事」に思えます。本人にとっても、当然の「名誉」と思えてしかるべきだったでしょう。だがそうではなかったのです。

当の直にとっては、「不足」にすぎました。一五人扶持は、一日一人五合当てとして、年間二五石余です。しかしもっと問題なのは、与えられた役職です。東京府典事（八等官で、知事・権知事〔勅任〕・参事・権参事〔奏任〕に次ぐ判任官で七三年廃止）でした。下級官吏で主任クラス、しかもおもいっきり閑職でした。府典事が廃止になったのちは、宮内省雑事・舎人（「旧宮内省の式部職に置かれた判任の名誉官。他の宮内判任官と兼任し、典式に関する雑務に従事するもの。」国語大辞典）という雑務職を長年勤め、最後は七等官で、一八八九年にまたもや免職となります。この一八年間、働き盛りの年月を、直自身は「無為」のままにすごしたと思ったにちがいありません。

2・2・2の2ですでに触れたように、直はすでに六八年蝦夷地鎮撫隊の総督清水谷公考の参謀として箱館に入り、箱館奉行所を撤収し、新設の箱館府で権判府事（知府事・判府事に次ぐ地位）についていたのです。給与も三五〇円ですから、淳輔の絶頂期でした。だが、一〇月の旧幕府軍の侵入・攻撃になすすべなく青森に撤退を余儀なくされ、新政府軍の勝利ののち、二年七月には開拓使ができて、箱館府は政府の一方的な廃止決定によって淳輔は職を追われるのです。

しかももっと悲惨なことが淳輔を襲います。

職を失った淳輔は土佐に帰ります。ところが待ち受けていたのは、脱藩の罪を問われ、「追込」（押し込め）三〇日の刑でした。倒幕のため邁進し、薩長同盟で働き、土佐海援隊では藩のために身を挺して闘い、箱館府では新政府の最前線で奮闘したのです。その結果が、実刑は軽いものの「重罪」（国事犯）でした。ちなみに坂本権平（竜馬の兄　一八一四～七二）の娘婿（養子）となっていた坂本清次郎も、脱藩し海援隊で働いていましたが、七一年帰国すると、脱藩の罪で捕らえられ、こちらは軽罰では済まされず、雁切川以東禁足（所払い）の刑を受け、結局、坂本家の家督を継ぐことはできなくなったのです。というか、脱藩で国事犯となった清次郎を坂本家は絶縁したといったほうがいいでしょう。

小野淳輔にとっては、いわれなき免職、理非のない処断でした。（ただし、箱館府では敵前逃亡したも同然です。また土佐藩を脱藩したのは事実です。したがって免職も、押し込めも、「法」的には「不適」ではなかったといわなければなりません。）

4・2・2　坂本竜馬と行をともにして

小野淳輔＝坂本直は、郷士高松順蔵（一八〇七～七六）の長男で、母は竜馬の姉千鶴（一八一七～六二）でした。しかしなにごとも控えめで病弱でもあった順蔵（学殖教養豊かで出世欲がなく自由の気風をもつ学者肌）は、太郎が生まれる前に家督を実弟（養子）に譲って隠居していました。高松兄弟、太郎と習吉がともに母の実家である坂本家・坂本竜馬家を継ぐことになる一つの理由です。

高松太郎は一八六〇年一九歳で九州に剣術修行に出ます。途中、門人を引き連れて武者修行の名目で時勢探索の旅に出ていた武市半平太一行に出会います。大村から久留米まで同行した太郎は、半平太から強く影響を受けます。

六一年、太郎は武市が江戸で土佐勤皇党を旗揚げし、帰国したとき加盟します。武市の「一藩勤皇」に同調したことはいうまでもありません。武市が土佐勤皇党を率いて、幕府に攘夷実行を迫る朝廷の勅使に随行し、大坂、京都、江戸、そして京都へと勤王攘夷の羽根を大きく広げたときも、行動をともにしています。

一八六二年三月、竜馬は脱藩します。その年の一二月、竜馬は松平春嶽に面会し、翌六三年一月、大坂滞在中の勝海舟を訪ね、その「門人」になります。同行したのが、望月亀弥太、千屋《ちや》虎之助、高松太郎の三人で、これにすでに海舟に弟子入りしていた近藤長次郎や竜馬とともに脱藩した沢村惣之丞、さらに新宮馬之助、安岡金馬、鵜殿豊之進（白峰駿馬　越後）、黒木小太郎（因幡）を加えると、坂本竜馬グループの誕生といっていいのではないでしょうか。このとき以降、太郎は竜馬とつねに行をともにするようになります。

太郎のリーダーが、武市から竜馬に変わったことで、太郎の人生経路が一変します。武市グループはすぐのちに粛正され、竜馬グループは「海」へと飛躍して行くことになるからです。

海舟—竜馬—竜馬グループをつなぐものは、「海へ」です。それぞれパトロンは変わりますが、幕府神戸海軍操練所・海軍塾であり、長崎の海運グループ（亀山社中）であり、土佐海援隊です。海軍塾では、伊達小次郎（陸奥宗光　一八四四〜九七）のような若手がグループに入ってきますが、最も若い太郎と千屋（菅野覚兵衛　一八四三〜九三　妻は竜馬の妻龍の妹）は、維新後まで生き残った海援隊の最古参といっていいでしょう。

しかし海舟私塾の海軍塾が過激派の巣窟とみなされ、神戸海軍操練所の建設も中止に追い込まれ、一八六四年塾生たちに帰国命令が出ます。それを無視した竜馬グループは脱藩者として国事犯になり、潜伏後、鹿児島をへて長崎へ向かいます。このときからグループの苦難がはじまりますが、薩摩藩、薩長同盟（密約）成立後は長州の支援をえる形で、細々ながらグループの独自事業、海運業がはじまります。

太郎は大阪在住の支配人に抜擢されますが、商売のほうは竜馬と同じように「ビジネス・ライク」というわけにはいきません。岩崎彌太郎が竜馬のビジネスを揶揄したように、「海賊商法」に近かったといっていいでしょう。困難を極めたのはグループが背負い込んだ膨大な借金の返済です。とりわけ、グループの持船として購入した大極丸の支払いです。太郎が購入担当者だったのです。蝦夷との交易も計画されたでしょうが、借金で身動きもできません。

六七年、グループのパトロンが土佐藩になり、大極丸の借金を藩が弁済するとの約束もあって、土佐海援隊が発足しますが、口約束にすぎません。そして、四月、海援隊発足直後「いろは丸」沈没事件が生じます。竜馬と海援隊は、長崎、高知、京都と忙しく時勢のなかを動き回りますが、「大政奉還」も含めて、在坂の太郎はいわば「つんぼ桟敷」に置かれた状態になったといっていいでしょう。そして突然の竜馬の死です。

竜馬の死後、官軍・土佐藩軍の別働隊として、長岡謙吉をリーダーに海援隊本体は瀬戸内海で活動します。沢村惣之丞たちは長崎で奉行所制圧と治安維持に尽力します。（ただし惣之丞は薩摩藩士を誤殺して割腹します。）

そんな状況で、小野淳輔＝高松太郎が、まったく別行動をとり、にわか仕立てとはいえ蝦夷地鎮撫隊に参謀として参加することになったのも、理解できないわけではありません。だが皮肉なことに、この別行動は、いったんは吉と出ますが、その後の人生全部にわたって「凶」と出る因になったといっていいでしょう。

4・2・3　竜馬になれなかった男

高松太郎はひとかどの人物でした。でも本人が望んだとしても、竜馬グループのリーダーになることはできなかったといっていいでしょう。なぜでしょう。二つだけ指摘します。

1　リーダーは、一も二もなく、竜馬でした。しかも竜馬は、グループ本体とはほとんど別行動で動くカリスマです。自他ともに、他の誰によっても替えがたいリーダーです。

2　竜馬のまわりを、竹馬の友グループがぐるりと取り巻いています。しかしグループのビジネスで、竜馬の代行をするのが海軍塾で加わった若い伊達小次郎です。海援隊が発足してからは、長崎で竜馬と再会して竜馬を代行したのが、「船中八策」の共同作者でもある長岡謙吉（第二代隊長）です。

この二人が、竜馬のブレーンで、ビジネスと政治で竜馬を代行する能力をもつ人物でした。最古参で竜馬に最も近いと自任している太郎にとって、追い抜くことができない「目の上のたんこぶ」だったに違いありません。

それに、決定的なことが加わります。太郎には「龍馬の甥をカサにきて、態度が太かったのではなかろうかと思う。」という一行だけを、ぽつんと記しとどめたのが、竜馬の血族（坂本直寛の娘婿で、坂本家を継いだ彌太郎の末っ子勝清〔土肥家の娘婿〕の子晴夫）です。

寸評な分、かえって説得力があると思われませんか。

たしかに太郎＝直の行動を眺めていると、「カサにきて」というところが見うけられます。竜馬にあったこぼれるような「可愛げ」、敵さえも愛さずにおくことが難しい性格は、太郎に欠けたところです。たとえば、借金返済交渉でも「高飛車」に出ていますね。箱館府で免職になったのも、たんに旧幕府軍に無抵抗のまま、青森に脱出しただけではなかったと思われます。

なによりも同じ箱館府権判事で、免職になって当然の岡本監輔や堀清之丞（基）は、開拓使でも有力な地位に留まっています。太郎は、開拓使では使いたくない、同時に使いものにならない能力と思われたのではないでしょうか。蝦夷地＝北海道開拓には清水谷公と同じように、まったくの素人でした。

しかし、太郎＝直の目から見ると、薩長土肥閥がどんどん重要な地位を占めてゆき、同じ脱藩者でも伊達小次郎などが政府内で昇進して行くのを横目で見るのは、楽しいことではなかったでしょう。でも、もし太郎が竜馬の後を追い、それに少しでも近づこうとするなら、竜馬のように高位高官を望まず、政争にふけらず、でゆかなくてはなりません。さらにいえば、竜馬のような一種アクロバット的秘策を弄してはなりません。「国を開く」具体的方策を掲げ、身に合った仕方で匍匐前進（step by step）することではなかったでしょうか。

直の晩年は、坂本（本）家に、婿養子に入った弟直寛のところに同居します。直が亡くなると、妻の留は息子を連れ、九九年、北海道に渡った直寛を頼って浦臼に行き、浦臼の石狩川河畔で駄菓子屋を営んでいたそうです。留の息子直衞は一九一七年（三月三一日）、賭博のトラブルから太平洋上で刺殺され、坂本竜馬家はいったんは断絶します。

4・3　坂本直寛（一八五三〜一九一一）

坂本直と坂本直寛は、坂本竜馬の「遺志」を、とりわけ「蝦夷地開拓の素志」を受け継いだ血族である、とはよくよく語られてきました。はたしてそうでしょうか。まずこう疑問を発してほしいと思います。

二人は実の兄弟です。しかも、竜馬の姉の子で、直は竜馬と倒幕・維新運動でつねに言・動をともにし、竜馬の死後箱館に渡り、箱館府の権判事になり、その上、蝦夷地経営建白書まで提出し、創建された坂本竜馬家を継いだ、というのですからまさに資格十分に見えますね。

また弟の直寛は、竜馬の兄権平の娘（鶴井、権平娘春猪と養子清次郎の娘で権平の養女）婿になって坂本本家を継ぎ、自由民権運動で全国を先導した土佐の言論と行動両面でリーダーとなり、一家を挙げて北海道に移住しました。その上、北海道に多くの血族を産み、育てます。

二人とも、疑問の余地なく、竜馬の「素志」を意志においても実行においても継承したといっていいのではないでしょうか。

しかし直と同じように直寛もまた竜馬の「素志」を受け継いではいない、というのがわたしの結論です。もっと根本的な言い方をすれば、「蝦夷地開拓」は竜馬の素志ではありえなかった、たとえ「素志」であったとしても、その素志をついではいない、ということを示すのが本書の第一の目的です。

4・3・1　「遅れてきた青年」——「反体制」運動の「闘士」

(1)坂本直寛は坂本直の弟で、高松順蔵・千鶴の二男（習吉・南海男《なかお》）です。この兄弟、一一歳の年齢差があり、兄は幕末の革命運動に参加《アンガージュマン》しますが、弟は明治維新のアプレゲールル、いうところの「遅れてきた青年」でした。しかし六九年一七歳で、坂本家の養子に入り、別な人生がはじまります。

直寛が「遅れてきた青年」であるというのは、大略、二つの意味があります。

1　直寛は、幕末から明治にかけた倒幕維新の革命運動、日本全土を駆け抜け、一新するような政治運動に参加できなかった。遅れて生まれたからです。その運動で、叔父の竜馬が立志伝中の人となり、兄の直が活躍し名をあげました。兄に負けず劣らず「射幸心」(the gambling spirit) の強い直寛のことです。「生まれてくるのが遅すぎた」という実感を強くもったとしても不思議ではありません。しかも、竜馬や直とは違って、家督を継いだのですから、土佐を離れるわけにはいきません。

2　だが新たに「明治維新を維新する」政治運動が、自分の住む土佐を発信地にして全国に広がったのです。自由民権運動で、そのリーダーが征韓論に敗れて下野した板垣退助（前参議＝閣僚）です。板垣は、一八七四年、高知に立志社（政治団体）を創設し、自由党を結成して、民選議院設立建白書を政府に提出し、大久保独裁政治の打倒を目指します。この運動は「自由民権」を旗印にしますが、その実体は新政府に対する旧士族を中心とした不満や反感を根こそぎ掬《すく》いあげる「反体制」運動で、その核心は、権力（再奪取）闘争でした。

「維新を維新する」運動とその理念「自由民権」は、竜馬や兄直が望んで果たしえなかったものでもありました。「遅れて生まれた」をだれよりも意識する直寛の心をわしづかみにします。直寛は、ただちにこの政治運動に身を投じ、土佐の民権運動の中心人物になります。自らも「才谷梅次郎」のペンネームで旺盛な言論活動を展開し、竜馬（「才谷梅太郎」）の再来を演じます。

八四年に高知県議会議員に選ばれ、八七年に大挙上京し、伊藤内閣に地租軽減・言論集会の自由・外交失策挽回の三大建白書を提出する中心を担います。政府は保安条例を発動し、条例に服さなかった直寛をはじめとする首謀者を石川島に投獄します。

(2)しかし民選議院設立を主目標に掲げた自由民権運動は、八九年憲法発布と九〇年第一回衆議院議員選挙で「目標」を失います。しかも自由民権運動のリーダーたちは板垣をはじめとして政権に復帰したのです。

直寛の目には、自由民権の反体制・反権力闘争は体制・権力復帰運動であり、裏切りに見えて当然だったでしょう。この裏切りを、政府によって獄舎にたたき込まれ、獄舎のなかで「信念」を絶対曲げない「信仰」をえた直寛は、許せません。

直寛は「政治」運動に失望し、雪崩を打って政府に同調していく土佐の政治風土を容認することができず、九三年四一歳、議員を辞職し、土佐を捨て、キリスト教伝道とメキシコ開拓を決意します。

竜馬は、一見して、土佐勤王派の「一藩勤皇」に同調できず、脱藩するというような突拍子もないことを発意します。直寛も負けてはいません。だが、メキシコ開拓計画は、日清戦争勃発で「中止」になります。代わって浮上したのが北海道開拓計画です。

4・3・2　錯綜する北海道「開拓」

(1)形は唐突でしたが、直寛の北海道開拓計画には有力なモデルがありました。武市安哉《あんさい》（一八四七〜九四）が、九三年にキリスト教徒たちと開いた「聖園農場」（樺戸郡浦臼）です。武市安哉は武市半平太の一族で、土佐自由党の有力者、キリスト（プロテスタント）教徒、三大建白書運動のリーダーで、石川島獄舎を同じくした、直寛の先達かつ同志かつ血縁者でした。その武市が九三年、衆議院議員を辞職し、キリスト教徒二十数人とともに「理想郷」（神の小さな国）建設をめざして移住したのです。

一八九四年、集団開拓の土地選定を託された直寛等四人は、高知を発ち、札幌、浦臼、網走等を経て、訓子府《クンネップ》に入り、ここ五七〇万坪の広大な原野と空知ノカナン（五〇万坪）を入植地と決めたのです。ただちに合資会社北光社が設立され、移住民募集がはじまります。

直寛は北光社の社長に推され、九七年三月、空知入植団を引き連れて高知を発ちます。ところが直寛は一行と三月二八日に札幌で別れ、札幌（礼拝・説教）、室蘭、函館（礼拝・

説教）、八戸、稚内、北見枝幸、紋別、網走と、札幌－室蘭間を除けばすべて船で、およそ二〇日間北海道東北各地を移動し、ようやく四月二〇日に開拓地（訓子府）に到着し、三〇日に移民団（一一〇戸）を迎えます。この奇妙な単独行動は、なんとか理屈をつけることができるでしょう。

⑵ところが、九八年五月、直寛は一家を挙げて三たび高知を出発しますが、向かったのは北見ではなく、浦臼で、ここに居を定めたのです。移民団体北光社の社長でありながら、この別行動はとうてい理解されえない行動でしょう。

ただし浦臼に居を定めたのは、武市安哉を失った浦臼の「聖園農場」の後見人・マネジャーとなっていた土居勝郎（武市の娘婿）が、浦臼に土地を斡旋したにちがいない、と土居晴夫『龍馬の甥 坂本直寛の生涯』はいいますが、その通りでしょう。もっとも、直寛が九四年に移住地選定にやってきた帰りでの出来事だというのですから、直寛の移住計画は、「はじめ」から訓子府ではなく浦臼であったということになり、移民団への「二心《ふたごころ》」はかえって罪深いものになるといわざるをえません。

ただし直寛の心中を忖度すれば、北海道開拓の第一目的は「聖園」を築くことにありました。聖園建設などという目的に、北光社の出資者も開拓団も同調するわけにはいきません。直寛の思いははじめから訓子府では遂げることはできなかったのです。

いまひとつ「なぜ浦臼か」を推し量れば、直寛は政治活動に絶望はしていましたが、言論活動を続ける望みも自信もあり、その場を確保しておきたかったからにちがいありません。浦臼は、ジャーナリストとして生きる場として、札幌や小樽に比較的近いというか、訓子府よりはるかに近かったといえます。（ただしこの思惑は、浦臼にジャーナル活動を展開する余地はゼロだったとわかり、すぐに砕かれますが。）

(3)しかし直寛の奇妙というより手前勝手な行動は、結果として、北光社移民団だけでなく、北海道に渡った土佐移民たち、ひいては本国の土佐人たちから反感と孤立を招きます。さらにその孤立を深める事件が起きました。

浦臼入植後間もない九月に大雨がありました。石狩川が氾濫し、聖園農場をはじめ長大な流域、加えて全道各地に甚大な被害をもたらします。ときは隈板（大隈重信・板垣退助）内閣で、板垣退助が内務相でした。板垣は、かつての自由民権運動で直寛の「盟主」でした。二人の関係が、直寛をこの災害救済の陳情団の委員に選んだ理由でもあります。直寛が政治から足を洗う因をつくった「裏切り者」の板垣ですが、その袖にすがる効果もあってか、陳情がすんなり通り、八〇万円の救済予算支出の成果をえることができます。

そして石狩川治水期成同盟会の組織つくりと委員としての活動が続きます。ところが好事魔多しというか、直寛は陳情中の使途不明金で攻撃を受ける羽目に陥ります。直寛は反論を試みず、「沈黙」します。かえって攻撃と孤立を招きますが、沈黙を貫きます。さらに救援金の分配問題で紛糾が生じます。直寛は同盟会から身を引き、一年余にわたって「隠遁」生活を続けます。

(4)一九〇二年、ようやく直寛に道が開けます。キリスト教系の日刊紙「北辰日報」（札幌）が創刊され、主筆に招かれたのです。ジャーナリストの道が細々としてではあれ開かれます。それにこの年の一一月、伝道師として旭川日本基督教会に赴任します。五〇歳、直寛本来の北海道移住が実現の一歩をはじめたといっていいでしょう。

キリスト教精神に則った伝道活動、これこそが直寛が一心になって捧げることのできる人生であったと思われます。「竜馬から遠く離れて」やっとこの道にたどり着いたことになります。

4・3・3　北海道に「種」を播く

直寛は、兄直と異なって、失意と孤独のまま人生を終える不幸から免れることができました。しかし、その人生は、現実の北海道開拓事業から孤立し、絶縁した結果でもありました。まずこのことを再確認してください。

じゃあ、直寛は北海道開拓に連ならなかった、むしろその反対であった、と断じていいのでしょうか。そんなことはありません。

一八九八年、直寛（四六歳）は一家を挙げて北海道浦臼にやってきました。妻鹿（四二歳）、長女直意（一八歳）、二女直恵（一六歳）、長男直道（七歳）、二男勝清（四歳）です。

一九〇一年、直恵の婿養子に浜武彌太郎を迎えます。直寛が四面楚歌のなか浦臼で「隠遁」していた時代です。彌太郎・直恵は四男六女をもうけます。釧路で材木業の坂本商会を設立し、ビジネス成功者に名を連ねます。

直寛の長男直道は政財界で活躍し、二男の勝清は土居家（宇和島）に入り、その子土居晴夫が坂本竜馬血族の語り部の一人になります。

彌太郎の二男直行は開拓農家となります。北海道に渡った竜馬の血族のうち自力で開墾事業に携わったのは、直行ただ一人といっていいでしょう。直行は五男二女をもうけます。ここに彌太郎（ビジネス）・直意を通って直行（開墾）へと、北海道開拓の鍬が入れられたといっていいでしょう。

ただし、竜馬にとって「開拓」とは、開墾（農業）を意味するだけではありません。交易を開くこと、国の防衛に備えること、さらには国境を越えることを意味しました。ビジネスの道を開いた彌太郎、国策事業に携わった直道も、立派なパイオニアの一人といっていいのではないでしょうか。いえ、正確にいえば、竜馬の開拓（国を開く）事業を受け継いだといっていいでしょう。

これから、この彌太郎、直道、直行の三人を「開拓」に焦点をしぼって、簡単にスケッチしてみようと思います。

4・4　坂本彌太郎（一八七四〜一九五〇）

4・4・1　開拓者1——違った血

これまで紹介してきた澤辺琢磨、坂本直、直寛は、竜馬の血族です。しかし直寛の娘婿になった浜武彌太郎は、熊本の農家の二男に生まれ、鹿児島の牧場で働き、一八九八年二五歳のとき北海道に渡ってきました。すでにクリスチャンになっており、札幌興農園（種苗業）で働きます。一九〇一年二月、彌太郎が聖園教会（聖園農場）に移ってきた直後の三月七日に、直寛は長女直恵との婿養子婚届けを提出しています。直寛一家が農場でも、教会でも孤立のまっただなかでした。

直寛を「孤立」に追い込んだのは、治水事業等の分配金をめぐる紛糾のなかで、直寛の査定（調停）を最も強く拒んだのが、聖農農場の後見人で大地主（百数十万町歩所有）、浦臼村の実力者であり、しかも直寛を浦臼に迎えてくれた「恩人」の土居勝郎でした（吉田曠二『龍馬復活　自由民権家　坂本直寛の生涯』朝日新聞出版社　一九八五）。

思うに、そんな村八分に似た孤立のなかで、聖農教会会員になってすぐ、直寛に「同情」してくれた一人が彌太郎だった、と思ってまちがいありません。直寛一家に「燭光」が灯ります。彌太郎は直寛と直寛一家の救世主だったに違いありません。

4・4・2　開拓者2――実業家

一九〇二年、直寛も彌太郎も浦臼を離れ、札幌に出ます。だが別な道を進みます。（ちなみに札幌－浦臼間は、現在鉄道でも五〇キロ以上あり、人馬以外に交通機関がなかった当時では、とうてい通勤不能な距離です。）

彌太郎は三井物産札幌出張所に勤めます。「木材輸出事業などで実績をあげ、釧路で独立後も三井と提携。『三井の四天王』と呼ばれるほど道内で名を成し」（「北の龍馬たち」）ます。

坂本家の先祖は商家（才谷家）です。しかし、竜馬の父も兄も歴とした武士（郷士）です。竜馬は「商才」ありと記されることがしばしばありますが、その実は「海賊商法」（岩崎彌太郎）で、山のような借金に追われていました。竜馬の甥直、直寛も「武士」の生き方をしました。

その坂本家に彌太郎という商才に恵まれた血が入ります。三井は北海道開発事業のパイオニアです。かつて箱館府で小野淳輔（坂本直）の同僚だった堀清之丞（基）は北海道炭鉱汽船（北炭　北海道の三井財閥の中核）の初代社長です。そのパイオニアの一人に坂本彌太郎も名を連ねたのです。しかし一三年、釧路の大火で被災しました。

彌太郎は、一九一四（大正三）年札幌に戻り、新事業に進出します。マニラ麻を原料とするロープ製造会社「北海道製綱」をおこし、おもに軍や漁業者を相手にするビジネスです。この前後、直寛の死によっていったん（形のうえで）長男直道にいった家督を引き継ぎます。

しかしビジネスには浮沈がつきものです。一九二九（昭和四）年、彌太郎は、二男直行に約束していた温室建設資金提出を、「出せなくなった」と拒否します。

一九三一年、弥太郎は竜馬の遺品（一部は釧路の大火で焼失した）を恩賜京都博物館（現在の京都国立博物館「恩賜」とは天皇陛下の下の下賜による）に寄贈します。ゆかりの長崎、下関、土佐ではなく、京都に竜馬の遺品が残る結果になります。特記すべきことでしょう。

よくあるケースです。

竜馬の存在とその顕彰に人一倍熱心だったのは、血脈関係にない彌太郎でしたが、これは

4・5 坂本直道（一八九二〜一九七二）

4・5・1 竜馬から遠く離れて 1

直道は直寛の長男で、七歳で父に伴われて北海道にやってきました。でも「開拓」どころの騒ぎではありません。父がめざしたキリスト村建設の夢が目の前でつぎつぎと消し飛んでいくのを見続けねばなりません。継母との仲もぎくしゃくしています。謹厳なキリスト者の父です。直道の言動は、「不良」同然と映り、直道が長じるにしたがって「家」から離れていったのもよくあるケースの一つではなかったでしょうか。

旧制上川中学に入りますが、「勘当」同然に北海道を離れ、弟勝清の養子先（宇和島）に転がり込みます。父の葬儀（一一年）にも出席しなかった直道ですが、いったんは家督を継ぎます（戸籍上は、といっていいでしょう）。弟と同じ一九一二年に旧制宇和島中学

を卒業して、一三年旧制岡山第六高校に入ります。（このとき、家督を義兄の彌太郎に譲った形になります。）二四歳、ここから直道独自の人生がはじまったといっていいでしょう。

直道は一九一六年東京帝国大学法学部政治学科に進みます。（当時は旧制高校を出れば望む大学に進学できました。）一九一七年、分家届けを出します。結婚し長男が生まれたからです。（この長男は三ヵ月余でなくなります。）一九二〇年大学を卒業し、満鉄（南満州鉄道）に入ります。入社の保証人は板垣退助だったそうです。父直寛との「縁」があってのことでしょう。満鉄は日露戦争勝利後、一九〇六年に設立された政府肝いりの国策会社です。

満州に渡った直道に、ようやく独立独歩の充実した生活がはじまります。満州は文字どおり「新国」でした。満鉄はその中枢機関です。竜馬が脱藩し、「新国を開く」決意で奔走しだす時期の年齢とほぼ重なるといっていいでしょう。

4・5・2　竜馬のスタイルで

⑴三一年九月、満州事変が勃発します。そのとき直道（四〇歳）はパリ駐在中でした。日本の国際孤立を危惧した直道（満鉄欧州事務所長）は、パリ滞在を延期し、情報収集を進め、日仏提携をはかるため奔走します。事なかれ主義の大使館にとってはありがた迷惑でした

が、満鉄や日本政府にはパリにこの人ありという印象を与えます。直道の存在感は、三三年、松岡洋右《ようすけ》外相（元満鉄副総裁）が全権大使としてジュネーブの国際連盟会議に出たとき、随員として同行したことにも現れています。（ただし松岡は国際連盟脱退を宣言しますが。）

一九三四年、日仏関係強化のため、東京で「日仏同志会」（総裁・徳川家達《いえさと》）結成に動き、理事になります。またパリで同年一〇月、フランス語の文化誌「フランス・ジャポネ」（日仏同志会　資金元満鉄）を発刊（〜四〇年四月号まで四九号）します。直道は、ドイツ軍がフランス国境に迫るなかパリを撤退し、四〇年六月、帰国します。

この時期の直道の一連の政治経済活動は、ナチス・ドイツが英仏にしかけた欧州戦争の勃発を防ごうという活動につながっています。同時にその活動の主目的は、「世界最終戦争」といわれた日米開戦を防ぐ戦略とも結びついています。ただしあくまでも満鉄を媒介したものですし、当時の吉田茂駐英大使と気脈を通じる、日本救国＝愛国戦略です。

直道の戦略をぐっと推し進めると、日本が、大正・昭和の薩・長であるアメリカ・共産ロシアとの協調を築き、世界を最終戦争の破滅から救おうというものです。この救世界路線は、竜馬が薩長同盟によって倒幕を進め、あわせて諸外国との協調を維持し、日本を内乱による破滅から救い、新政体をつくろうとした戦略の再現に近づくのではないでしょうか。

(2)もう一つ、直道が竜馬に重なると思えるのは、その活動スタイルです。現在、竜馬は維新英傑の一人に数えられ、その華々しい活動を賞賛されています。でも薩長同盟（密約）も、また「大政奉還」も、表舞台に顔を出してはいません。竜馬はたんなるエージェント（代理屋）にすぎないという評価が、当時はもとより、現在もなおでる理由です。直道もまた「裏」の人であったし、あり続けた、というのがわたしの判断です。

父直寛は「竜馬」を再演したかったにちがいありません。その再演ならずとわかったとき、「開拓」を決意します。しかし「開拓」の夢も無惨に踏みにじられました。こう息子の直道にも直感されたにちがいありません。

直道は、その父から、したがって「竜馬」からも遠く離れました。しかし満鉄時代の活動は、まさに竜馬を再演しているように（わたしには）思えてならないのです。

4・5・3　竜馬家を継ぐ

直道は一九四〇年、満鉄を退社します。日米開戦の一年半前です。

そして四一年四月三〇日、坂本直の息子直衞の死（一九一七年）で途絶えていた坂本竜馬家を再興（相続）します。父直寛の後を継がず、竜馬を継いだことになります。

〈小生としてはまことに後学非才衷心その器でないことを充分《じゅうぶん》に知っているものでありますが、色々の事情からとうとう（坂本竜馬家の）家系を継ぐことになりました〉（「土佐人」一九四二年二月）、と直道は土佐人に向かって公表します。よほどの「決意」があってのことではないでしょうか。

「北の龍馬たち」（朝日新聞連載）は、右の直道の言葉を土居晴夫の『龍馬の甥 坂本直寛の生涯』から再録し、つぎのように記しています。

〈直道の甥・土居晴夫（87）が、晩年の直道から竜馬家相続に関する話を聞いている。

土居によると、直寛の長女・直意の婿養子で坂本の本家を継いだ弥太郎は次男・直行（のちの山岳画家）に龍馬家を継がそうとし、直寛の長男である直道に了解を求めた。

しかし、東京帝大に在学中だった直道は承諾をしないまま、満鉄に入社した。その後、直道がパリから帰国した後、弥太郎が龍馬家相続を勧め、直道は直衛の家督を相続したのだという。

弥太郎が、龍馬家を継がせたかった次男の直行は父親の希望に反し、36年に十勝に入植した。長男の弥直《ひろなお》は満州国の官吏になった。弥太郎はあきらめたのだろう。

直道は欧州から帰国後、満鉄参与になったが、41年7月に辞任。49歳だった。なぜ満鉄を辞めたのかは不明だ。先の直道の書信には「考ふる所ありて」とあるだけだ。

直道は外相の松岡洋右に日米開戦を避けるように求める意見書を出すなど戦争回避の工作を続けた。こうした行動と関係しているのだろうか。〉

貴重な証言です。しかし注釈が必要と思われます。
1　この土居晴夫の「証言」は、土居の父が直道の実弟であるという込み入った事情を考慮して読まれる必要があると思います。義兄彌太郎と、直道・勝清兄弟との仲は、一筋縄ではゆきません（Nothing is simple.）。
2　「考ふる所ありて」とは、直接には、坂本本家の継承者であるべき直道が、（彌太郎によって）本人の同意もなく「隠居」させられ、彌太郎に家督が移ったことと関連あるのではないでしょうか。
すなわち、直道が大学在学中に結婚し、長男が生まれたとき、戸籍の上で彌太郎に家督を譲った形になっていたので、本家（彌太郎）の同意の上で「分家」を立てなければならなかったのです。これは直道の意に染まないことだったといわなければなりません。

しかしもう少し直道の「考え」を積極的に忖度してみましょう。

満鉄時代の自分の言動を振り返って、在学中に「保留」にした竜馬家継承問題ではあったが、直行ではなく自分が継ぐによりふさわしい、と決断したのではないでしょうか。竜馬を継ぐべきは「自分である」という自覚・自持に近いものができあがった、ということでしょう。

3　彌太郎には、坂本本家を継がすべき長男彌直《ひろなお》がいます。義弟の直道は家を離れています。彌太郎としては、直行に名誉ある竜馬家（朝廷下賜の永世十五人口）を継がせたかったでしょう。しかし、はたして直行に竜馬家継承の意志があったかというと、「なかった」と断じていいのではないでしょうか。

直道は、竜馬家を継いだ後は、戦中戦後を通じて、竜馬がもし生きていたらというようなスタイルを持し、言論と政財界で隠然たる存在感を示して生きました。アジアのなかの日本、日本における中ソ問題等々を主題とする多くの専門著述を残して、八一歳で逝きます。かくして竜馬家は最適の継承者をえて、（永遠に）断絶したといえます。

4・6　坂本直行（一九〇六〜一九八二）

4・6・1　親に逆らって――兄と弟

坂本直道は、一九六〇年代以降、北海道ではよく知られた山岳画家で、わたしたちは「ちょっこうさん」とよんできました。ただし直行は、坂本竜馬のことを家庭で話すことはなかったそうです。わたしたちも、直行を竜馬の子孫だと知るようになったのは、死後のことです。直行については自作や、肉親を含むさまざまな人たちの著作で紹介されているので、ここでは詳しく紹介しません。駆け足で行きます。

(1)直行は、父彌太郎の二男で兄がいます。長男の彌直《ひろなお》（一九〇四〜四五・八）は、一九三〇年、北海道帝国大学農学部を卒業し、「満州帝国」に官吏の職をえて、首都新京（長春）に赴任します。教育熱心で、息子たちが官吏になることをなによりも望んでいた父彌太郎の喜びもひとしおだったでしょう。「北の龍馬たち」は彌直ついては以下のようなエピソードを載せています。

1　彌直は満鉄の仕事（牧畜調査）で三本の調査報告書（論文）を書いた。（デジタルでその存在を知ることが出来ます。）

2　彌直の調査地域に白系ロシア（ロシア革命で亡命してきたロシア人）居住地域があった。三七年四月、彌直は白系ロシア人女性と結婚した。父彌太郎はその結婚を許さず、勘当（除籍〔別家〕）にした。

3　満鉄参事の直道は、満州で彌直と一杯やり、「彌太郎に勘当された者同士だな」と話し合ったそうだ。

4　彌直は満州で妻（ニーナ）と農場を経営した。だがソ連参戦で、四五年八月、なにものかによってに射殺された。

5　彌直と妻の間に二人の娘がいた。三人はブラジルに亡命する。直行の義弟（朝比奈英三）夫妻が八一年ブラジルを訪問し、ニーナと娘、孫たちとあった。

長男彌直は親に逆らって生きました。弟の直行も親に逆らい抜いて生きます。

(2)直行は、旧制札幌二中をへて、一九二四年北大農学実科（三年制＝予科）に入ります。父彌太郎は兄と同じ官吏になることを望んだそうです。しかし農芸を専攻した直行は、二七年卒業すると、上京して園芸会社に就職します。温室栽培を経営するためでした。父は、しぶしぶ承知し、温室建設費用を出すと約束します。

しかし一九二九年、二年の修業を終え、いよいよ札幌で温室園芸業をはじめようという段になって、父は「出費困難」を伝えます。その秋、父の反対を押し切って、直行は十勝の広尾にある野崎牧場で働きはじめます。開拓農家修業です。

三六年、広尾の民有未墾地二五ヘクタールを入手（分割払い）し、入植します。開拓農家の本格始動です。すぐ結婚し、登、嵩をはじめとする五男二女をえます。睡眠をぎりぎり削った開拓農家の生活です。家族も有力な働き手です。

このときから、店屋も電気もない、ないないづくしの、借金だけが積み重なる開拓農家の貧乏生活が続きます。その光景は、直行『開墾の記』『続開墾の記』、さらには長男登「日高のいごっそう　坂本直行伝」や二男嵩『開拓一家と動物たち　北の大地に素手で立ち向かった開拓家族の生活誌』等に詳しく活写されています。ただしその描写からは、どんなに貧しくても、いじましさや惨めったらしさはみじんも見えません。まさに「シンプル・イズ・ベスト」の生活です。

しかし一九五六年、転機がやってきます。後継者と見込んでいた長男登が、進学のため上京することになったからです。「行きたい」といわれたら、ノウ、といえません。それが直行のクールな愛の表現です。その後も、子どもたちはつぎつぎに原野を離れて行きます。

一九六〇年、終に二五年間格闘してきた開拓地を離れる日がやってきます。

4・6・2　絵を売る

⑴それにしても、未開の原野を自力で切り拓くのは並大抵のことではありません。それを維持して行くのはさらに困難です。開拓地は、最初に入った人たちが撤退してはじめて営農が可能になる、というのが北海道の現状です。有償（借金）で手に入れ、開墾し、ようやく豊かな土地になったところで、脹れあがった借金が払えず、他人に譲り渡さざるをえないのです。

それでも直行には、長男が家業を継いでくれるという望みがありました。息子もその気でいました。しかし進学の意志があるとわかれば、否といえるのは、よほどいい農業基盤のあるところにかぎられています。直行もこれを認めざるをえません。

⑵ここで一つだけ問いたいのは、直行が「開墾」に傾けた情熱とともに、それを持続しえた支えがなんであったか、です。

妻や家族の愛と支えがありました。近隣や友人たちの助力や励ましがありました。そのうえ直行には、その敵（たとえば十勝の殿様、北海のヒグマとうたわれた自民党の中川一郎）でさえ、一目置くだけでなく、敬愛の念をもっていたといわれます。竜馬には「こぼれるような可愛げ」があったと司馬遼太郎はいいましたが、まさにその「可愛げ」に通じるものです。

しかし過酷な開拓を支えるものがどんなにあっても、「自力」（意志・体力の双方）なくして開拓を続行することは不可能です。この自力が直行にはありました。他の坂本血族に見られない力といっていいのではないでしょうか。

直行の開拓力を支えたものはなんでしょう。山登りと絵画以外にない、とわたしには思われます。どんなに疲れていても、「眠りながら」でも山に登り絵を描くことをやめていません。開拓者と山岳画家の密接な関係について、ここで深く書くことはできません。でも山と絵なしに、直行は開拓をもちこたえることができたか、というと、できなかったと断言できます。

⑶直行は開拓地を引き払い、札幌に住んでから、山に登り続け、絵を書き続け、絵を売って生きます。五五歳で開拓農家から絵描きになりますが、開拓と別な生き方とは思われないのです。

竜馬も、直や直寛も、「開拓」という言葉を使いましたが、直行のような開拓生活を他でもない自分がするなどということは、まったく想像だにしなかったと思います。

直行が子どもたちにも竜馬の名さえ語らなかったのは、自分は竜馬や祖父の忠寛、父の彌太郎、義兄の彌直や直道とは違う人間ではないが、ちがう生き方を選んだのだ、という自恃の心から出たのではないでしょうか。山登りと絵画があればこそではないでしょうか。

多少大袈裟に響くかも知れませんが、身を削り、時間を削って開拓に打ち込むことができたのは、開拓・登山・絵画が三位一体としてあったからです。直行の美意識（＝ライフスタイル）の源泉でもありました。

4・6・3　竜馬から遠く離れて　2

⑴維新以後、もし竜馬が生きていたらどうなったのかと推察したことがあります。維新後「土佐の海岸べりの村で隠棲する竜馬の姿」を夢想する（拙著『坂本竜馬の野望』）、というのがわたしの答えでした。ただしこれは「ひととき」の姿に違いありません。老境にいたるまで、「隠棲」する竜馬の姿は想像できません。

それでも、竜馬は、薩長閥政治が横行しても、直や直寛のように被害者意識を抱いて生きることはしなかった、彌太郎のように「常識」丸出しでは生きなかった、直行のようには農耕で生きることはできなかった、とだけは断言できます。

直行が血族の他のだれよりも違う生き方をしたと思えるのは、子どもに対する最も適切な「冷めた愛」を持したということではないでしょうか。これは、直行自身と親（直寛夫妻）との真逆関係から生まれたものでしょうが、同時に一家が一丸となって生きなければならない開拓生活から生まれたものでもあります。

この点で、直行の子どもたちは、過酷な連帯と分担を強いられたと同時に、（親とは別な）自立して生きてゆける力をえることが可能になりました。直行は父として、連帯を強いながら、「自立」を妨げないというクールな愛を貫きます。

⑵最後にいうべきことがあります。

1　直行は無類の「暑がりでした」。十勝の寒さが、山の冷気がことのほか快適だといいます。直行と反対に、竜馬は無類の「寒がりでした」。江戸から「東」を避け、直行のように北海道開拓＝開墾で生き抜くことが不可能であった理由です。

2　直行最大の「幸運」はどこから来たのでしょう。血族のなかで、何から何まで最も「竜馬から遠く離れた」生き方をしたからではないでしょうか。しかしそんな生き方が、「日高の『いごっそ』をつら抜いた一生であった。」と長男の登は父の「伝記」で書きます。この逆説的な言い方が、じつにわたしをすんなり納得させるのです。

3　直行の開拓生活の幸運は、山と絵があってのものだと重ねていいたいと思います。飾りっ気が少しもないところに「飾りっ気」＝美意識を感じざるをえないのは、直行の山登りも、絵画も、そして開拓人生も同じでしょう。家族生活もその中に入るでしょう。

4　そして調子を少し上げていえば、「直道と直行」を合算すれば、「昭和の竜馬」が出来上がるのでは、という気がいまはしています。直道を多少とも読んだおかげでしょう。

5　いずれにしろ、竜馬は、多くの人が書き、話すような意味での「北海道開拓計画」をもたなかったし、竜馬の血族もまた、「開拓」（「新国を開く」）計画をもって北海道の大地に挑んだ人はいません。心ならずも、直行が開墾に挑みました。

あとがき

坂本竜馬は、福沢諭吉とともに、わたしにとっては特別な人です。でも、なにせ夭折の人です。それに、まとまった書物を残していません。その片言隻語《せきご》が、一人歩きするのをとどめることは難しい、といっていいでしょう。「わたしの竜馬」、あるいは「贔屓の引き倒し」どうぜんのファン、トラキチならぬリョウキチが存在する理由の一つです。虎キチや竜キチを咎めることはできません。でも、竜馬の信用ある研究書の多くが、竜キチをベースに竜馬の「実像」を描いて、いいわけはありません。その「キチ」と思えるものの一つに「蝦夷開拓」があります。

本書のテーマは、竜馬の「蝦夷開拓」計画の検証です。竜馬はたしかに「蝦夷開拓」を「初志」のごとく語っています。しかも竜馬の血縁が、多く旧蝦夷＝北海道に足跡をとどめています。わたしも開拓民の四代目として、竜馬の「開拓」計画に強い興味を抱いてきました。でも、調べれば調べるほど、知れば知るほど、その開拓計画の輪郭がぼやけるのです。もっと大きな「開拓」計画が存在したからです。

北海道生まれのわたしが、なによりも辛かったのが、京、大阪や東京の寒さでした。そんなわたしが、竜馬の足跡をたどっていて、妙なことに気づきました。「寒がりや」の竜馬なのです。竜馬は京の極月に、風邪を引き、踏み込まれて、気づくのが遅れ、むざむざと暗殺されます。その竜馬が、厳寒の蝦夷地開拓に耐えられると思ったのでしょうか。そもそも、本気で蝦夷地になぞ向かおうとしたでしょうか。わたしの素朴な疑問です。

本書は、「開拓」をさらに大きな視野で見つめていた竜馬の視線に焦点を当てようとしました。なんとか書き上げることができたいまは、ほっとしています。

巻末をかりて、いつも出版と編集等に助力をいただいている言視舎の杉山編集長ほかスタッフのみなさんに、深甚の謝意を述べたいと思います。ありがとうございました。

２０１５年４月21日　　静寂に包まれた馬追山から　　鷲田小彌太

参考文献

（文献は参照順に並べています。重複参照は表記していません。＊は全編にわたる必見文献）

0

〔1〕芦原伸『へるん先生の汽車旅行』集英社インターナショナル　二〇一四
〔2〕小泉八雲『神々の国の首都』講談社学術文庫　一九九〇
＊〔3〕小美濃清明『坂本龍馬と竹島開拓』新人物往来社　二〇〇九　＊吉田松陰、桂小五郎、竜馬、岩崎彌太郎の「竹島」開拓問題に対する画期的研究です。
〔4〕吉田松陰『西遊日記』『東北旅日記』（『吉田松陰』日本思想体系54　岩波書店　一九七八）
〔5〕新人物往来社編『坂本龍馬グラフティー』新人物往来社　一九八五
〔6〕合田一道『龍馬、蝦夷地を開きたく』寿郎社　二〇〇四
〔7〕好川之範『坂本龍馬　志は北にあり』北海道新聞社　二〇一〇
〔8〕原口泉『坂本龍馬と北海道』ＰＨＰ新書　二〇一〇
＊〔9〕宮地佐一郎『龍馬の手紙』講談社学術文庫　二〇〇三

*
〔10〕「竜馬は、なぜ蝦夷地をめざしたのか？」 http://nazeezochi.blog.fc2.com/ ＊竜馬の蝦夷地開拓問題の、論点整理を行ない、正しい道筋を探るための必読文献で、重要な指摘を数多く含んでいます。

1
〔11〕平尾道雄『龍馬のすべて』久保書店 一九六六
〔12〕岩崎鏡川編『坂本龍馬関係文書』日本史籍協会叢書 一・二 一九二六
〔13〕宮地佐一郎編『坂本龍馬全集』光風社書店 一九七八〔増補4訂版 一九八八〕
*
〔14〕宮川禎一・全書簡現代語訳『坂本龍馬からの手紙』教育評論社 二〇一二
〔15〕大石慎三郎『田沼意次の時代』岩波書店 一九九一
〔16〕桑原真人・川上淳『北海道の歴史が分かる本』亜璃西社 二〇〇八
〔17〕高田嘉七「高田屋嘉兵衛と近代経営」函館学講義資料 二〇〇九 http://www.cc-hakodate.jp/dl/hakodategaku20090620.pdf

2
〔18〕坂本竜馬の手紙（原文） 青空文庫（デジタル版） ＊非常に便利です。
〔19〕平尾道雄『坂本竜馬 海援隊始末記』中公文庫 一九七六

〔20〕松浦玲『坂本龍馬』岩波新書　二〇〇八

＊〔21〕松岡司『定本 坂本龍馬伝』新人物往来社　二〇〇三

＊〔22〕菊池明・山村竜也編『完本 坂本竜馬日記』新人物往来社　二〇〇九　＊竜馬の発言と他の資料をつきあわせた、竜馬研究者にとっては必読文献ですが、バイアス（偏り）も散見されます。

＊〔23〕竹下倫一『龍馬の金策日記』祥伝社新書　二〇〇六　＊本書を読むと、竜馬とそのグループの「金銭」感覚がよくわかります。

〔24〕林啓介『樺太・千島に夢をかける　岡持偉庵の生涯』新人物往来社　二〇〇一　＊樺太開拓に半生を賭けた岡本監輔の評伝です。

〔25〕鷲田小彌太『時代小説で読む！　北海道の幕末・維新』亜璃西社　二〇一三

〔26〕鷲田小彌太『坂本竜馬の野望』ＰＨＰ研究所　二〇〇九　＊竜馬に関する（わたしの）基本文献と略年表、人名索引をつけてあります。

〔27〕山田一郎『海援隊遺文　坂本龍馬と長岡謙吉』新潮社　一九九一　＊長岡謙吉は、竜馬の同志でかつ縁戚です。

〔28〕岩崎彌太郎・彌之助伝記編纂会編『岩崎彌太郎伝』上　一九六七

〔29〕『吉田松陰』（日本の名著31）中央公論社　一九七三

〔30〕島根県竹島問題研究所「鬱陵島調査報告」〔www.pref.shimane.lg.jp/soumu/web-takeshima/...01/index.../11_d.pdf　１６３〜１８１頁　＊竹島（鬱陵島）の歴史経緯を知るための重要文献です。

〔31〕『函館市史』デジタル版　http://www.lib-hkd.jp/hensan/hakodateshishi/shishi_index.htm　＊小野淳輔＝坂本直の箱館府での「実際」を察知することが可能な資料です。

＊4

〔32〕「北の龍馬たち」（朝日新聞　二〇一〇年一月から四次計六〇回＝坂本直寛一二回、直行二〇回、直道一六回、坂本家の人々一二回にわたって連載。）＊蝦夷地開拓を竜馬の見果てぬ夢と位置づけながら、蝦夷・北海道に渡った竜馬の血族、とりわけ従来等閑視されてきた坂本直道を、エピソードを含めて詳しく紹介しています。

〔33〕土居晴夫『坂本龍馬の系譜』新人物往来社　二〇〇六　＊著者は、坂本直寛の二男勝清（土居磯之助養子）の子です。誤記も含まれていますが、竜馬の血脈を知るための基本文献です。

〔34〕山田一郎『坂本龍馬——隠された肖像』新潮社　一九八七　竜馬の父の生家（山本家）の系譜と、山本数馬＝澤辺琢磨とその弟の事跡のいったんが分かります。

〔35〕山田一郎他『坂本龍馬 海援隊隊士列伝』新人物往来社　一九八八　＊土居晴夫「高松太郎」を所収

〔36〕土居晴夫『龍馬の甥 坂本直寛の生涯』リーブル出版　二〇〇七

〔37〕吉田曠二『龍馬復活　自由民権家　坂本直寛の生涯』朝日新聞社　一九八五

〔38〕坂本直道『ソ国境紛争の背景』鹿島平和研究所　一九七〇　＊本格的な政治経済評論で、戦後日本の外交を決定づけた「中ソ対立」の経緯を丹念に跡づけています。

〔39〕坂本直行『開墾の記』（復刻版）　北海道新聞社　一九九二　＊直行は開拓農民・登山家・画家の他に、作家でもあります。

〔40〕坂本直行『続開墾の記』（遺稿）　北海道新聞社　一九九四

〔41〕坂本直行「山と絵と百姓と」（自伝）（坂本直行『はるかなるヒマラヤ　自伝と紀行』北海道出版企画センター　二〇一一　所収）
〔42〕坂本登「日高のいごっそう　坂本直行伝」（右同書　所収）　＊登は直行長男
〔43〕坂本嵩『開拓一家と動物たち――北の大地に素手で立ち向かった開拓家族の生活誌』朝文社　一九九六　＊嵩は直行二男

[著者略歴]

鷲田小彌太（わしだ・こやた）

1942年、札幌市生まれ、札幌南高、大阪大学文学部哲学科卒、同大学院博士課程満期中退。75年三重短大講師、同教授を経て、83年札幌大学教授（哲学・倫理学担当）。2012年退職。

主要著作に、75年『ヘーゲル「法哲学」研究序論』（新泉社）を皮切りに、86年『昭和思想史60年』、89年『天皇論』（ともに三一書房）、96年『現代思想』（潮出版）、07年『人生の哲学』（海竜社）、07年『昭和の思想家67人』（ＰＨＰ新書〔『昭和思想史60年』の改版・増補〕)、その他91年『大学教授になる方法』（青弓社〔ＰＨＰ文庫〕)、92年『哲学がわかる事典』（実業日本出版社）、2012年『日本人の哲学』（全5巻予定、言視舎）等々がある。

装丁……………………………萩原弦一郎、橋本雪（デジカル）
組版……………………………玉造能之、梶川元貴（デジカル）
編集協力………………………田中はるか

幕末「国際関係」ミステリー
寒がりやの竜馬

発行日❖2015年5月31日　初版第1刷

著者
鷲田小彌太

発行者
杉山尚次

発行所
株式会社言視舎
東京都千代田区富士見 2-2-2　〒102-0071
電話 03-3234-5997　FAX 03-3234-5957
http://www.s-pn.jp/

印刷・製本
㈱厚徳社

ISBN978-4-86565-019-8 C0021